IRIS JACHERTZ
FRIEDRICH STRAUSS

Balkonblumen

Schritt für Schritt zur Idylle auf Balkon und Terrasse

› So blühen und gedeihen Ihre Balkonblumen

› Die schönsten Pflanzen für jede Saison

IRIS JACHERTZ
FRIEDRICH STRAUSS

Balkonblumen

Über 280 Farbfotos von Friedrich Strauß und anderen bekannten Gartenfotografen

1

Planung

Balkone zum Träumen

Zu Beginn der Balkonsaison locken in Garten- und Frauenzeitschriften Balkonkästen in bunter Blütenpracht. Mit blühenden Ampeln, Kästen und Töpfen gestaltete Balkone und Terrassen lassen das Herz höher schlagen. Wie gelingt so eine harmonische Gestaltung und Blütenfülle?

Den Traum vom blühenden Paradies auf dem Balkon können auch Sie sich erfüllen! Allerdings nicht hopplahopp und von heute auf morgen. Es braucht schon eine sorgfältige Planung. Und auch nur gut gepflegte Pflanzen blühen pausenlos und üppig.

Wie soll der Traum-Balkon aussehen?

Beginnen Sie mit der Planung Ihres Balkons schon lange vor dem Saisonstart. Wie wollen Sie Ihren Balkon denn insgesamt gestalten? Träumen Sie von einem romantischen Balkon mit duftenden Rosen, oder lieben Sie eher die ruhige Eleganz von Grün und Weiß? Bevorzugen Sie die Farbenfülle und Üppigkeit eines Bauerngartens, oder möchten Sie gar in mediterranen Urlaubserinnerungen schwelgen?

Wunschtraum und Realität

Wenn Sie wissen, wie Sie Ihren Balkon gestalten möchten, gehts an die Pflanzenauswahl. Steht diese, dann sind Sie schon einen großen Schritt weiter! Jetzt können Sie sich informieren, welche Standortbedingungen und wie viel Pflege die ausgewählten Pflanzen benötigen. Eignet sich die Lage Ihres Balkons überhaupt für die ins Auge gefassten Pflanzen? Haben Sie auch genügend Zeit für die Pflege? Wenn Sie sich all diese Fragen beantwortet haben, wird Ihre Pflanzenauswahl eventuell etwas anders ausfallen. Bekommt Ihr Balkon z. B. nicht viel Sonne, dann brauchen Sie schattenliebende Gewächse. Können Sie nicht viel Zeit für die Pflege erübrigen, dann dürfen die Pflanzen auch nicht anspruchsvoll sein. Und wie sieht es mit dem zur Verfügung stehenden Platz aus? Können Sie Ihre Wunschpflanzen unterbringen oder ist dann kein Sitzplatz mehr vorhanden? Sie wollen ja sicher Ihr Paradies »pflanzennah« genießen und die Blumenpracht nicht nur von der Balkontüre aus betrachten. Aber selbst auf kleinen Balkonen ist Platz für Blütenträume – eben etwas kleinere.

Ob ein Balkonkasten voller Blüten oder ein kinderfreundlicher Balkon – beides will gut geplant und vorbereitet sein.

Was lässt sich auf Ihrem Balkon realisieren?

Während die Lage des Balkons vorgibt, welche Pflanzen hier am besten wachsen und gedeihen, entscheidet seine Größe darüber, wie viele Ihrer Blütenträume sich überhaupt realisieren lassen.

Auf diesem Sonnenbalkon schützt eine farblich passende Markise vor praller Mittagssonne.

Ob terrassengroß oder nur ganz klein, ob nach Norden oder Süden ausgerichtet – aus jedem Balkon lässt sich ein Pflanzenparadies ganz nach Maß schaffen. Was Sie dazu brauchen? Etwas Zeit und jede Menge Inspiration, die Sie in diesem Buch finden.

Sonnig oder schattig?

Machen Sie sich klar, welche Lichtverhältnisse auf Ihrem Balkon herrschen. Wie viel Stunden am Tag bekommt er Sonne? Liegt der gesamte Balkon in der Sonne oder gibt es auch schattige Ecken?
Bei der Erstbepflanzung Ihres Balkons werden Sie sicherlich etwas testen müssen, welche Pflanze wo am besten gedeiht. Im nächsten Jahr können Sie dann aber von den gemachten Erfahrungen profitieren.

Sonne satt

Viele mediterrane Balkonblumen, Kräuter und die meisten Einjährigen, die nur einen Sommer lang blühen wie Gazanien, Petunien, Zweizahn oder Verbenen, entwickeln sich besonders gut und setzen am meisten Blüten an, wenn sie von morgens bis abends Sonne pur haben. Ihnen macht auch große Hitze nichts aus, sie dürfen nur nicht austrocknen. Balkone, die eine Ausrichtung nach Süden haben, wo von morgens bis abends die Sonne scheint, aber auch nach Südwesten ausgerichtete Balkone sind der geeignete Platz für diese Sonnenanbeter.

Mit verschiedenfarbigen Fuchsien-Sorten muss auch ein dunkler Balkon kein Schattendasein führen.

Hell, aber nicht sonnig

Ein nach Osten oder Südosten gelegener Balkon ist der richtige Platz für Pflanzen, die im Halbschatten besonders gut wachsen wie Knollenbegonie, Leberbalsam, Männertreu oder Schneeflockenblume. Während der größten Hitze am Tag stehen sie bereits wieder im Schatten – die morgendliche Sonne macht ihnen in der Regel nichts aus.

Schattenliebhaber

Sogar für Balkone, die nur wenig bis gar keine direkte Sonne bekommen, z. B. nach Norden ausgerichtete Balkone oder Balkone, die von Bäumen und Nachbarhäusern beschattet werden, gibt es geeignete Pflanzen wie Fleißiges Lieschen oder Fuchsien. Mit der üppigen Blütenpracht auf Sonnenbalkonen können schattige Standorte allerdings nicht mithalten. Hier beherrschen vor allem Blattschmuckpflanzen wie Buntnessel oder Funkie mit unterschiedlichen Blattfarben und -formen die Szene.

Mit den Pflanzen wohnen

Je größer der Balkon, desto mehr können Sie aus dem Vollen schöpfen. Je kleiner der Balkon, desto gezielter müssen Sie planen, um möglichst viele Pflanzen (und sich selbst) unterzubringen (→ Tipp).

- Das Balkongeländer bietet viele Möglichkeiten, Kästen oder Töpfe aufzustellen oder anzuhängen: ein- oder mehrreihig, nebeneinander oder versetzt aufgehangen.
- Wenn's an Stellfläche mangelt, dann hängen Sie die Pflanzen doch auf oder setzen Sie platzsparende Pflanzenmöbel ein (→ Tipp). Dann hat selbst auf einem kleinen Balkon noch ein Stuhl zum Hinsitzen und Genießen Platz.

Allein, zu zweit oder in größerem Kreis?

Soll Ihnen der Balkongarten als grünes Refugium dienen, in dem Sie abschalten und ausruhen? Dafür reichen ein Stuhl oder eine Liege. Wollen Sie Ihre Freunde an Ihrem grünen Wunschtraum teilhaben lassen? Dann benötigen Sie genügend Platz für Tisch und Stühle. Rechnen Sie damit, dass Sie zu allen Seiten noch 40–60 cm Platz brauchen, um bequem vom Stuhl oder der Liege aufzustehen, ohne über Töpfe und Pflanzen zu stolpern.

Was tun bei Wind und Regen?

Pflanzen, die dem Wind und Regen ausgesetzt sind, verlieren schnell ihre Schönheit. Blütenköpfe und Stängel brechen ab und sind anfällig für Schädlinge und Krankheiten.

- Hängen Sie daher nur robuste Pflanzen (→ Porträtteil) außen ans Balkongeländer oder in eine Ampel.
- Bringen Sie Pflanzen mit zarten Blüten oder Trieben in einem standfesten Gefäß auf dem Boden oder in einer Ampel an der Wand unter.
- Sorgen Sie bei anhaltendem Regen für einen entsprechenden Schutz durch Schirme, Abdeckhauben oder Plastik-»dächer« (→ Seite 61).

Tipp

HOCH HINAUS!

Bauen Sie doch einfach in die Höhe, statt alles nebeneinander zu stellen! Stellagen benötigen wenig Standfläche und bieten viel Platz für Töpfe und Kästen. Leicht schräg an der Wand befestigte Stehleitern nehmen zahlreiche Pflanzen auf. Und auf Regalen an der Hauswand, in Wand- und Hängeampeln lässt sich viel Blütenpracht unterbringen.

Auf gute Nachbarschaft: Farben und Formen

Harmonisch aufeinander abgestimmte Blütenfarben, gekonnt zusammengestellte Wuchsformen, mit gleichen Ansprüchen kombinierte Pflanzen – das garantiert ungetrübte, stimmungsvolle Balkonfreude.

Natürlich entscheiden Sie und Ihre Fantasie, was Ihnen am besten auf dem Balkon gefällt: zarte oder knallige Farben, warme Rot- und Gelbtöne oder kühles Blau. Wenn Sie jedoch ein paar Gestaltungsregeln in Bezug auf Zusammenstellungen von Farben, Größen und Wuchsformen beherzigen, erzielen Sie leichter ein schönes Gesamtbild und bringen die einzelnen Pflanzen besonders gut zur Geltung.
Abgesehen davon sollten natürlich die Pflanzen, die Sie in einem Gefäß miteinander kombinieren, auch die gleichen Ansprüche an das Pflanzsubstrat, an Licht, Wasser und Nährstoffversorgung haben.

Romanze in Rosa: Für Abwechslung sorgen die unterschiedlichen Blütengrößen und -formen.

Mit Farben »malen«

Es gibt keine Farbe, die im Balkonblumen-Sortiment nicht vertreten ist. Die Auswahl ist wahrlich groß, wie viel größer die Kombinationsmöglichkeiten! Hier bietet der Farbkreis (→ Abb. Seite 4) eine gute Orientierungshilfe.

Der Farbkreis: Grundlage der Farbkombinationen

Der Farbkreis setzt sich aus den drei Grundfarben Gelb, Rot und Blau zusammen, die im gleichen Abstand zueinander stehen und durch ein gleichseitiges Dreieck miteinander verbunden werden können, sowie neun Mischfarben, die jeweils aus zwei Grundfarben zusammengesetzt sind.

- Einen **harmonischen Farbverlauf** erzielen Sie, wenn Sie Blütenfarben wählen, die auf dem Farbkreis nebeneinander liegen, z. B. Gelb, Goldgelb und Orange.
- **Spannungsreiche Kontraste** erhalten Sie mit Blütenfarben, die sich auf dem Farbkreis gegenüber stehen – so genannte Komplementärfarben – z. B. Blau und Orange, Violett und Gelb oder Rot und Grün.
- Einen **lebhaften Farbdreiklang** ergeben die Farben des Kreises, die durch die Ecken des gleichseitigen Dreiecks miteinander verbunden werden, z. B. Gelb–Rot–Blau oder Orange–Violett–Grün.

Fröhlich-bunt wirken gelbe Pantoffelblume, rotes Eisenkraut, weiße Schneeflockenblume und blauer Elfenspiegel.

So wirken Blütenfarben

Blütenfarben können warm oder kühl wirken, beruhigend oder anregend. Dunkle Töne sorgen für optische Tiefe, helle Töne bringen Licht an schattige Stellen.
Jeder empfindet Farben zwar etwas anders, generell aber gilt:
Weiß ist eine kühle Farbe, es sorgt für Aufhellung in schattigen Bereichen und wirkt in Kombination mit Grün sehr elegant und edel;
Gelb bringt selbst an trüben Tagen Sonnenschein und gute Laune auf den Balkon;
Rot wirkt feurig und temperamentvoll, mit Weiß und Grün kombiniert wirkt es auf kleinen Flächen weniger knallig;
Rosa ist die Farbe der Romantiker, besonders in Verbindung mit zarten Blütenwolken oder silberfarbenem Laub;
Blau reines Blau wirkt kalt, je mehr Rotanteile enthalten sind, desto wärmer wird die Farbe, in Verbindung mit Gelb oder Weiß bietet es herrlich frische Farbkontraste;
Grün ist ausgleichend, beruhigend und entspannend und kann mit allen anderen Farben kombiniert werden.

Mit Formen spielen

Pflanzkombinationen gewinnen an Ausdruckskraft, wenn sie nicht nur mit verschiedenfarbigen, sondern auch mit unterschiedlich wachsenden Pflanzen bestückt sind.
Auch bei den Wuchsformen hält das Pflanzenangebot eine große Palette bereit: steif aufrechte oder locker buschige, flache Polster, herabfließende Kaskaden oder himmelsstürmende Kletterer.

Prachtvoll arrangiert

In einem 1 m breiten Kasten finden in der Regel 5 Pflanzen Platz. Pflanzen Sie 2 aufrecht wachsende und 3 hängende Arten. So ist der Kasten nach allen Seiten hin ausgefüllt und für ein üppiges Blütenbild gesorgt. Straff und kompakt wachsende Balkonblumen können mit leicht überhängenden Pflanzen, z. B. Gräsern, aufgelockert werden.

Blattformen wirken lassen

Auf einem schattigen Balkon, auf dem Blattschmuckpflanzen die Hauptrolle übernehmen, verursachen unterschiedliche Blattformen wunderbare Effekte: Filigranes Laub lässt großflächige Blätter weniger wuchtig erscheinen. Viele kleine Blättchen mildern steif aufragende Blattstrukturen ab.

Praxisinfo

NICHT NUR BLÜTEN BRINGEN FARBE INS SPIEL

Für schattige Bereiche gibt es relativ wenig blühende Balkonpflanzen. Trotzdem muss ein Schattenbalkon nicht trist sein! Mit Blattschmuckpflanzen wie Funkien, Buntnesseln oder Efeu in den verschiedensten Sorten gewinnen selbst dunkle Ecken an Farbe. Probieren Sie doch einmal folgende Kombination aus: dunkellaubige Purpurglöckchen *(Heuchera*-Arten), kleinblättriger, sattgrüner Buchs und Funkien *(Hosta*-Sorten) mit blau-gelben oder weiß-grünen Blättern.

Blütenpracht vom Frühjahr bis zum Winter

Mit den entsprechenden Pflanzen können Sie das ganze Jahr über Ihren Balkon attraktiv gestalten. Jede Jahreszeit hat ihre Favoriten, die von Frühling bis zum Winter mit Farbe und Flair bezaubern.

Beschränken Sie sich bei der Bepflanzung Ihres Balkons nicht nur auf den Sommer, wenn Sie draußen sitzen und die Blütenpracht hautnah genießen können. Viel zu groß ist die Auswahl an prächtigen Pflanzen auch für das Frühjahr und den Herbst. Ja sogar für die kalte Jahreszeit gibt es Pflanzen, die Ihren Balkon ins passende Licht rücken.

Mit Azalee, Tulpen, Stiefmütterchen und Gämswurz hält der Frühling Einzug.

Farbenfroher Auftakt

Mit den ersten wärmenden Sonnenstrahlen drücken in der Natur kleine Zwiebel- und Knollenpflanzen ihre Blüten aus der Erde. Viele unter ihnen fühlen sich auch im Balkonkasten oder in Töpfen und Schalen wohl. Schon ab Februar erscheinenSchneeglöckchen, Blausternchen und Winterling. Im März folgen Krokus, Osterglocken, Narzissen, Tulpen und Hyazinthen. Mit Primeln, Stiefmütterchen, Vergissmeinnicht und Ranunkeln ergänzt, sorgen sie für einen farbenfrohen Auftakt der Balkonsaison.

- Damit auch auf Ihrem Balkon der Frühling rechtzeitig eingeläutet werden kann, müssen Sie allerdings schon im Herbst die ausgewählten Blumenzwiebeln in Töpfe und Kästen stecken.
- Wer das versäumt hat oder die erste Blütenpracht auf dem Balkon partout nicht mehr erwarten kann, der holt sich aus der Gärtnerei oder dem Gartencenter vorgetriebene Frühjahrsblüher und bestückt damit seinen Balkon.

Üppige Sommerfreuden

Ab Mai beginnt die Hochsaison auf dem Balkon – die wohl schönste Jahreszeit für jeden Balkongärtner. Bis zu den ersten Frösten im Herbst verwandeln nun die vielfältigsten Pflanzen Ihren Balkon in ein blühendes Sommerparadies. Allen voran die Klassiker wie Geranien und Petunien, Verbenen und Männertreu. Ergänzt durch vielerlei selbst ausgesäte und vorgezogene ein- und zweijährige Sommerblumen (→ Seite 75) wie Löwenmäulchen, Sonnenblumen, Tagetes oder Zinnien. Ein nicht enden wollendes Blütenmeer in Kästen, Töpfen und Ampeln – aufrecht wachsend, hängend oder kletternd. Die Auswahl ist riesig groß, und jedes Jahr kommen neue Sorten hinzu.

- Denken Sie daran, was sich auf Ihrem Balkon realisieren lässt (→ Seite 10/11).
- Entscheiden Sie sich für eine Farbrichtung (→ Seite 12) und einen Stil (→ Seite 16/17), dann fällt die Auswahl leichter.
- Wählen Sie zunächst die mehrjährigen und größeren Pflanzen (→ Seite 98/99) aus. Lücken in der Gesamtgestaltung können Sie dann einfach mit ein- oder zweijährigen Sommerblumen ausfüllen. Mit diesen Pflanzen lassen sich auch ganz gezielt Farbtupfer einstreuen.
- Und vergessen Sie zu guter Letzt nicht: Viele unterschiedliche Pflanzen bedeuten verschiedene Pflegemaßnahmen, und das kostet Zeit.

Hier scheint im Sommer immer die Sonne, so kräftig gelb leuchten die großen Blütenköpfe der Sonnenblumen. Dunkelrote Knollenbegonien und lila Hängepetunien setzen kontrastreiche Farbtupfer.

Goldener Oktober auf dem Balkon

Die Herbstsonne bringt sie so richtig zum Leuchten – die gelben, orangen, roten und violetten Blüten der Chrysanthemen und Astern, die jetzt Hochsaison haben. Dazwischen blühen Gräser, Moosbeeren zeigen ihre Früchte und Blattschönheiten wie das Silberblatt setzen noch zusätzliche Akzente. Fast bis Weihnachten trotzen viele der Herbstblüher kalten Temperaturen, Niederschlägen und geringerem Licht.

- Die Herbstpflanzung muss regelmäßig gegossen, darf aber nicht mehr gedüngt werden.
- Schützen Sie bei einsetzendem Nachtfrost noch blühende Pflanzen (→ Seite 90/91).
- Rücken Sie die Pflanzgefäße bei schlechtem und kaltem Wetter an die Hauswand.
- Setzen Sie nun die Zwiebeln und Knollen der Frühjahrsblüher ein. Sorgen Sie im Freien für einen leichten Winterschutz (→ Seite 90/91).

Immergrün durch den Winter

Wenn in den Wintermonaten Eis und Schnee die Vorherrschaft übernommen haben, werden Sie die immergrünen Pflanzen auf Ihrem Balkon schätzen lernen. Mit einigen farbenfrohen Accessoires wie bunten Kugeln oder wetterfesten Holzfiguren versehen oder mit Futter für Vögel wie Meisenknödeln und -ringen, Nusssäckchen oder Äpfeln können Sie das winterliche Grün von Buchs, Zwerg-Kiefer oder Zwerg-Tanne sehr schön aufwerten. Selbst winterfest verpackte Pflanzen und Töpfe haben durchaus einen Zierwert (→ Abb. Seite 83).

- Kontrollieren Sie ab und an den Winterschutz.
- Gießen Sie an frostfreien Tagen Buchs und Heidekraut.

Nordisch kühl oder verspielt romantisch?

Mit entsprechender Pflanzenauswahl, den richtigen Blütenfarben und stimmigen Accessoires können Sie Ihrem Balkon eine ganz persönliche Note und den passenden Stil verleihen.

Sie mögen es romantisch? Dann wählen Sie z. B. Balkonblumen in pastelligen Tönen, in Weiß oder Rosa bis Violett, verschnörkelte Kletterhilfen und weiße Balkonmöbel. Urlaubserinnerungen werden auf einem mediterran angelegten Balkon mit duftenden Kräutern wie Lavendel und Salbei und Terrakotta-Töpfen in verschiedenen Größen und Formen wahr. Oder sollen sich auf Balkon oder Terrasse vor allem die Kinder wohlfühlen? Dann setzen Sie farbenprächtige, robuste Blumen ein, ergänzt mit Windrädern und bunten Figuren und Platz für eine Spiel- und Naschecke mit süßen Erdbeeren.

Romantisch sind zarter Rosen- und Lavendelduft und sanfte Farben von Rosa bis Lilaviolett.

Geben Sie Ihrem Balkon ein Motto

Die Möglichkeiten der Balkongestaltung sind schier grenzenlos. Gestalten Sie Ihren Balkon in einer Stilrichtung – dann passt alles zueinander. Hier einige Anregungen:

Edel und formschön

Wer Gefallen an einer edlen und luxuriös angehauchten Umgebung findet, sollte den Balkon nicht überladen und auf wenige, aber auffallende Pflanzen setzen.

- Halten Sie sich bei der Farbgebung möglichst an einen Ton. Die Kombination Weiß und Grün wirkt besonders elegant.
- In Form geschnittener Buchs in Metallkübeln oder glasiertem Terrakotta und auffällige Gräser bieten einen guten Kontrast zu den Blütenpflanzen.

Schlicht: der Asia-Look

Asia-Fans bevorzugen Bambus und viel Immergrünes, ergänzt durch kräftig rote Blüten. Diese bieten z. B. Geranien, Azaleen oder Fleißige Lieschen. Das Ganze wird dann noch perfektioniert durch Bambusmatten, Fächer und schwarz oder rot glasierte Pflanzgefäße.

Rosen für Romantiker

Duftende Rosen in sanften Farbtönen, im Kasten und in Töpfen, kletternd und über-

Pflanzen im Korb – das passt ausgezeichnet auf einen Balkon im Stil eines Bauerngartens.

hängend, verbunden mit Rosenkugeln sind ein unbedingtes Muss für den romantischen Stil. Vielleicht finden Sie auch noch eine nostalgische Statue auf dem Flohmarkt.

- Binden Sie Hochstamm- und Kletterrosen an verschnörkelten Metallstäben oder Rankgittern an.
- Bestücken Sie Ihre Ampeln mit Schneeflockenblumen, dann ergießen sich weiße Blütenwogen von oben herab.

Mediterrane Träume

Holen Sie sich mit Lavendel, Duftgeranien, Mittagsgold oder Kapkörbchen und verschiedenen aromatisch duftenden Kräutern wie Oregano, Thymian oder Rosmarin südliches Flair auf Ihren Balkon. Alle diese Pflanzen sind große Sonnenanbeter – eignen sich also nur für ganz sonnige Standorte (→ Seite 10).

- Ergänzen Sie die Bepflanzung mit Windlichtern und Souvenirs aus Ihrem Mittelmeer-Urlaub.

Ländlicher Charme

Mit Sonnenblumen, Levkojen, Dahlien und Phlox, Tomaten und Petersilie holen Sie sich die Idylle eines Bauerngartens auf Balkon und Terrasse.

- Weidenkörbe und Holzkübel werden zu Pflanzgefäßen oder Übertöpfen.

Kunterbunt für Kinder

Auf einem kunterbunten Balkon (→ Abb. Seite 9) fühlen sich Kinder besonders wohl. Wenn Ihr Balkon zum Spielplatz werden soll, gilt:

- Wählen Sie robuste und ungiftige Pflanzen, z. B. Geranien, Husarenknöpfchen oder Schwarzäugige Susanne.
- Säen Sie schnellwüchsige Sommerblumen oder Gemüse aus, so dass die Kinder beim Wachsen zuschauen können.
- Topf-Erdbeeren und Kirschtomaten sind beliebte Leckerbissen für zwischendurch.
- Verkleiden Sie Balkongeländer aus Querstäben mit Markisen oder Holzplatten, um waghalsige Klettertouren von vornherein zu unterbinden.

Nordische Lebensart

Die Farben Blau und Gelb wirken frisch und kühl.

- Blauer Rittersporn und gelbe Sonnenblumen, gelbe Margeriten und lilablaue Vanilleblumen im Kasten, Zweizahn in der Ampel – das sind die Farben des Nordens, jetzt fehlt nur noch der Strandkorb.
- Wer genügend Platz hat, der kann sich in einem blau gestrichenen, wasserdichten Gefäß noch einen Mini-Teich anlegen (→ Seite 46/47).

Praxisinfo

GEFÄSSE UND PFLANZEN TON-IN-TON

- Mit Kreativität und ein bisschen handwerklichem Geschick können Sie viel Geld sparen. Statt teure Gefäße in der zu den Blüten passenden Farbe zu kaufen, malen Sie Tontöpfe, ausgediente Dosen oder Plastikbecher einfach in der zum Stil passenden Farbe an.
- Lassen Sie sich im Fachhandel bezüglich der richtigen Farbe und Lasur für die verschiedenen Untergründe beraten und achten Sie bei der Farbe unbedingt auf Wetterfestigkeit.

Hardware auf dem Balkon

Wie wirkt eine herrlich blühende Geranie in einem schwarzen oder braunen Plastiktopf? Blütenzauber auf dem Balkon besteht nicht nur aus schönen Pflanzen. Dekorative Gefäße und Rankgerüste, stilvolle und bequeme Möbel und vielerlei Accessoires geben den Pflanzen erst den richtigen Rahmen.

Nirgendwo im gärtnerischen Bereich kann wohl so viel gestaltet werden wie auf dem Balkon oder der Terrasse. Hier wirken nicht nur die Pflanzen mit ihren Blütenfarben und Wuchsformen, hier spielt auch die »Hardware« eine wichtige Rolle beim Gesamteindruck.

Holzbank oder Metallstuhl?

Achten Sie bei der Auswahl Ihrer Balkonmöbel darauf, dass sie zur Bepflanzung passen, bzw. stimmen Sie die Bepflanzung schon mit vorhandenen Möbeln ab. Eine Bank aus Naturholz z. B. gehört zu einem ländlichen Stil; sie wirkt auf einem romantischen Balkon eher unpassend.
Stuhl- und Liegenauflagen, Kissen und Tischdecken sollten zum Farbkonzept passen oder es ergänzen (→ Abb. Seite 10).

Schön und praktisch

Pflanzgefäße (→ Seite 20/21), Bewässerungskugeln (→ Seite 54), Aufhängevorrichtungen (→ Seite 43) oder Rankhilfen (→ Seite 45) haben nicht nur einen praktischen Nutzen, sie tragen je nach Form und Farbe auch zur Gestaltung bei.
Windspiele, Rosenkugeln, Terrakotta-Figuren oder andere dekorative Elemente sind zwar »unnütz«, tragen aber viel zur persönlichen Note bei.
Achten Sie darauf, dass die Pflanzen im Vordergrund stehen. Das Accessoire ist nur schmückendes Beiwerk!

Gut geschützt

Balkon oder Terrasse können noch so schön gestaltet sein – wenn der Freiraum keinen Schutz vor neugierigen Blicken bietet und Sie sich wie auf dem Präsentierteller fühlen, kommt keine Gemütlichkeit auf.
Mit Stoff, Bastmatten, Metall- oder Holzkonstruktionen können Sie im Handumdrehen unerwünschte Blicke fernhalten und haben zudem noch einen Windschutz. Noch schöner sind »lebende« Sichtschutzwände aus Kletter- oder Hängepflanzen (→ Seite 25). Es dauert allerdings etwas, bis sich eine grüne Wand gebildet hat.

Passende Pflanzgefäße (oben) und Blumenetageren (rechts) setzen Ihre Balkonschönheiten richtig in Szene.

Von Kästen, Töpfen, Ampeln & Co

Ob aus Ton oder Terrakotta, Metall oder Holz, ob groß oder klein, funktionell oder verschnörkelt, uni oder bunt – mit dem passenden Pflanzgefäß werden Balkon und Terrasse noch schöner.

Eine Ampel ist schnell überwachsen – hier spielen die Pflanzen die erste Geige.

Das Aussehen eines Pflanzgefäßes spielt eine wichtige Rolle bei der Gestaltung. Die Pflanzen müssen sich aber auch in ihm wohl fühlen. Wollen Sie es aufstellen oder aufhängen? Wie viele Pflanzen wollen Sie in einem Gefäß unterbringen?

Das sollten Sie vor dem Kauf beachten

Bevor Sie die verschiedenen Pflanzgefäße für Ihren Balkongarten kaufen, gilt es, einige praktische Aspekte zu beachten:

- Das Pflanzgefäß dient in erster Linie dazu, der Pflanze einen guten Halt und Platz für ausreichend viel Substrat zu bieten, damit genügend neue Wurzeln gebildet werden. Berücksichtigen Sie immer die endgültige Größe der Pflanze.
- Hohe Gefäße oder Gefäße, die mit ausladenden Pflanzen bestückt werden sollen, müssen standfest sein. Sie erhöhen die Standfestigkeit, wenn Sie den Topf zu unterst mit einer Schicht Sand oder Kies befüllen – beides wirkt gleichzeitig als Drainageschicht.
- Das Gefäß braucht einen guten Wasserablauf, damit es nicht zu Staunässe im Gefäß kommt.
- Töpfe und Kästen, die den Winter im Freien überdauern, müssen frostsicher sein.
- Bei vielen Pflanzen stellt sich die Frage: Wasserspeichergefäß (→ Seite 54) oder nicht?
- Welche Form und welches Material passen zum gewählten Stil? Grundsätzlich gilt: Quadratische und dreieckige Gefäße wirken formal, runde und bauchige Gefäße verspielt.

Vielerlei Materialien

Bei den Pflanzgefäßen können Sie mittlerweile zwischen zahlreichen Materialien wählen, die alle ihre Vor- und Nachteile haben. Da heißt es ganz genau abwägen.

- Anpassungsfähig wie er ist, ziert der **Tontopf** seit Jahrzehnten schon Balkone und Terrassen. Seine Einsatzmöglichkeiten sind schier grenzenlos. Die poröse Struktur des Tontopfs schafft ideale Bedingungen für die Pflanzen: Das Wasser verdunstet rasch und durch die Verdunstungskälte bleibt der Boden frischer als z. B. in vergleichbaren Kunststoffgefäßen. Staunässe gibt es so gut wie nicht – im Gegenteil: Ein Tongefäß muss öfter gegossen werden. Tontöpfe sind in vielen unterschiedlichen Größen und Formen erhältlich und das auch noch zu einem annehmbaren Preis. Die Nachteile: Tontöpfe sind nicht bruchfest und frostsicher. Sie können bei entsprechender Größe ein ganz schönes Gewicht erreichen, was den Transport nicht gerade erleichtert. Mit der Zeit bilden sich auch unschöne Kalkablagerungen.
- Ganz schlicht oder liebevoll mit einem Relief verziert, oft von Hand gearbeitet – das macht **Terrakotta-Gefäße** zu ganz besonderen Unikaten und zum Gefäß der Wahl für den mediterranen Stil. Wie bei Tontöpfen sorgen die porösen Wände für einen guten Luftaustausch. Die Nachteile: Billigere, nicht mehrfach gebrannte Terrakotta-Gefäße sind nicht

Die schweren Eisenkübel wirft so schnell nichts um. Dass sie Rost angesetzt haben, tut ihrer Schönheit keinen Abbruch.

frostsicher und stark bruchgefährdet. Die Gefäße sind schon ohne Pflanze und Substrat recht schwer, dafür aber sehr standfest. Wer auf die Schönheit von kunstvoller Terrakotta nicht verzichten möchte, aber dennoch beweglich bleiben will, setzt die Pflanze in einen Plastiktopf und benützt das Terrakotta-Gefäß als dekorativen Übertopf.

- **Glasierte Keramiktöpfe** sind je nach Qualität mehr oder weniger frostsicher. Die Vor- und Nachteile der porösen Wandung entfallen bei ihnen. Dafür lassen sie sich leicht sauber halten und sind in den verschiedensten Farben erhältlich. Sie eignen sich gut für den edlen und asiatischen Stil.
- **Holz** wirkt gediegen und passt gut zum ländlichen Stil. Gefäße aus Holz sind stabil und dennoch nicht zu schwer, lassen sich relativ einfach bewegen, sind frostfest und preislich erschwinglich. Allerdings benötigen sie etwas Pflege, um nicht zu faulen.Tragen Sie einmal jährlich ein pflanzenverträgliches Schutzmittel auf – das verlängert die Lebensdauer um ein Vielfaches.
- Gefäße aus **Metall** sind zeitlos elegant, aber auch nicht billig. Sie sind nicht zu schwer, relativ stabil und frostfest. Sie eignen sich allerdings nicht für sonnige Standorte, da sie sich schnell aufheizen, was sich schädlich auf die Pflanzenwurzeln auswirkt.
- **Kunststoff** ist leicht, relativ bruchfest, frostsicher, gut zu reinigen, hält die Feuchtigkeit länger und ist preislich günstig. Seine Verarbeitung ist heute so hochwertig, dass Terrakotta nachempfundene Kunststoffgefäße erst beim genauen Hinschauen oder beim Hochheben als solche zu erkennen sind. Kunststoffgefäße gibt es in vielen Farben. Achtung: Dunkle Farben heizen sich bei Sonneneinstrahlung extrem auf, was den Wurzeln nicht gut bekommt und das Substrat schnell austrocknen lässt.

Tipp

GEFÄSSE FÜR DEN MINI-WASSERGARTEN

Für einen Mini-Wassergarten auf dem Balkon eignen sich alle wasserdichten Gefäße ohne Abzugsloch wie Zinkwannen, Holzfässer, große, glasierte Keramiktöpfe oder Steingutttröge.

Denken Sie an die Belastbarkeit Ihres Balkons: Große, mit Wasser gefüllte und bepflanzte Gefäße sind sehr schwer!

Nützliches und Schönes – dekoratives Beiwerk

Vieles, was wie selbstverständlich auf Balkon und Terrasse dazugehört, z. B. Markise, Sonnenschirm oder Balkonmöbel, wirkt äußerst prägend am gesamten Erscheinungsbild mit.

Eine Gießkanne ist nicht nur nützlich. Ob aus Plastik in knalligem Pink, aus glänzendem Metall oder in einer ausgefallenen Form – gleich wird aus einem wichtigen Utensil ein schönes Accessoire.

Passende Hardware

Sie können die Gesamtwirkung von Balkon und Terrasse noch verbessern, wenn auch die Hardware in Material, Stil und Farbe zur Bepflanzung passt.

Ein Platz an der Sonne

Sonnenschirme, Markisen oder Sonnensegel sind vor allem auf Südbalkonen ein wichtiges Element. Es gibt sie in unterschiedlichen Größen, Formen und Farben.

- Achten Sie darauf, dass sich Stofffarbe und vorherrschende Blütenfarben nicht »beißen«.
- Bei großen Stoffflächen wirken helle Farben und kleine Muster weniger auffällig.
- Für kleine Balkone bieten sich Sonnensegel an. Es gibt aber auch Sonnenschirme, die platzsparend am Geländer befestigt werden können.

Ins rechte Licht gerückt

Pflanzenmöbel wie Etageren, Wand- oder Eckregale bieten vielen Pflanzen Platz, ohne selbst viel Standfläche zu beanspruchen. Eine gute Lösung für kleine Balkone oder Balkone, auf denen viel Platz für Tisch, Stühle und/oder Liegestuhl benötigt wird.

- Achten Sie auch hier darauf, dass die Pflanzenmöbel »stilgerecht« sind. Eine rustikale Pflanzentreppe aus Holz macht sich auf einem Balkon oder einer Terrasse in ländlichem Stil gut. Ein Metallgestell passt zum edlen Ambiente.

Im Freien wohnen

Balkonmöbel sollen in erster Linie praktisch und bequem sein. Wenn Sie dann noch gut ins Gesamtbild passen – um so besser!

- Wenn Sie gerne mit Freunden zusammensitzen, dann sind Klappmöbel das Mittel der Wahl. Sie sind schnell aufgestellt und nehmen zusammengeklappt nicht sehr viel Platz in Anspruch.
- Gartenmöbel aus Metall oder Plastik sind leichter zu bewegen als Massivholzmöbel. Zudem sind sie witterungsbeständiger und können auch ohne Abdeckung bei Regenwetter draußen bleiben.
- Optische Weite gewinnen Sie, wenn Sie die Balkonmöblierung (inklusiv Pflanzen-

Tipp

MACHEN SIE IHREN TÖPFEN BEINE!

Topffüßchen sind praktische Accessoires. Verziert mit Löwenköpfchen oder wellenförmig abgerundeten Kanten machen sie auch eine gute Figur. Den Pflanzen gefallen die Füßchen, weil zwischen Topf und Boden eine isolierende Luftschicht die Bodenkälte mindert und überschüssiges Wasser schneller ablaufen kann.

möbel) in einem Grundton halten. Für den Romantiker sind Pastellfarben angesagt. Edel wird's ganz in Weiß. Blau und Weiß sind die Farben des Nordens, Rot, Orange und Gelb mögen Kinder sehr gerne.

Einfach nur schön!

Viele Accessoires sind aber einfach nur schön. Sie erfüllen ihren praktischen Nutzen damit, dass sie viel zum Flair auf Balkon und Terrasse beitragen.

- **Windlichter,** zwischen den Pflanzen aufgehängt oder in dekorativen Haltern in Töpfe gesteckt, setzen tagsüber farbige Blickpunkte. In lauen Nächten zaubern sie – durch Kerzenschein erhellt – Wohlfühl-Stimmung.
- **Bunte Windspiele und Windräder,** die bei einer leichten Sommerbrise sanft im Wind flattern und sich drehen, erfreuen nicht nur Kinder.
- **Farbige Glas- und Tonkugeln,** entweder auf Holzstäbe gesteckt oder einfach zu Füßen der Pflanzen in die Gefäße gelegt, können Blütenfarben kontrastreich hervorheben oder bei immergrünen Pflanzen für Farbe sorgen.

Die Liste der schönen »unnützen« Dinge ließe sich noch lange fortsetzen, z. B. mit Urlaubssouvenirs oder Flohmarktartikeln. Schön ist, was gefällt! Denken Sie aber stets daran: Weniger ist oft mehr. Ein Bambusschirm auf einem Asia-Balkon kann mehr Flair verursachen als zig verschiedene bunte Drachengestalten.

Öfter mal was Neues

Mit Tischdecken, Untersetzern und Kissen, farbigen Kerzen und bunten Tüchern können Sie immer wieder neue Akzente setzen oder andere Farbtöne vorherrschen lassen. Passende Accessoires heben die jeweiligen Jahreszeiten noch hervor.

- Im Frühjahr verbreiten Mooskugeln, Eier und Hasen in den unterschiedlichsten Ausführungen eine österliche Stimmung.
- Im Sommer bringen diverse Terrakotta-Gegenstände mediterranes Flair auf Balkon und Terrasse.
- Im Herbst bieten sich Zierkürbisse in unterschiedlichen Formen zur Dekoration an.
- Im Winter sorgen Tannenzweige, Fruchtstände und Lichterketten für Stimmung.

Das »rosige« Trio aus Zwerg-Dahlie, Ehrenpreis und Gelenkblume wird durch die Eisen-Dekoration ins rechte Licht gerückt.

Ungestört und gut geschützt

Was nützt der schönste Balkon, wenn Sie ihn nicht unbehelligt von fremden Blicken oder böigem Wind genießen können? Abhilfe schaffen Balkonverkleidungen, Sichtschutzwände oder lebendiges Grün.

Spätestens dann, wenn Ihr Nachbar fragt, wie Ihnen der Kuchen schmeckt, oder der Wind Ihnen die Buchseiten zum wiederholten Male verblättert, werden Sie sich nach einem Sicht- und Windschutz umsehen. Und davon profitieren nicht nur Sie: Wo ständig der Wind pfeift, fühlen sich auch die Pflanzen nicht wohl. Planen Sie deshalb schon zu Beginn der Freiluftsaison einen blick- und winddichten Winkel auf Balkon und Terrasse ein. Hier können Sie dann sogar bis spät abends noch im Kerzenschimmer draußen sitzen.

Eine Markise aus Stoff kann schnell als Sicht- oder Windschutz angebracht werden.

Absolut blickdicht

Der Handel bietet unterschiedliche Materialien und Möglichkeiten an, Ihren Balkon abzuschirmen.

- **Bunter Markisenstoff** ist am gebräuchlichsten. Sie können ihn passend zuschneiden und mit Ösen und Schlaufen versehen lassen oder zwischen die Gitterstäbe »fädeln«. Außerdem kann der Stoff gewaschen werden. Achten Sie darauf, dass die Stoffbahnen nicht zu groß sind, damit sie auch in die Waschmaschine passen.
- **Sonnensegel** können ebenfalls einfach und schnell mit Ösen und Schlaufen in allen Richtungen angebracht werden. Sie bieten sich auch an, wenn Ihr »lebender« Sichtschutz aus Kletter- und Hängepflanzen noch nicht so weit gediehen ist, dass er einen ausreichenden Schutz bietet.
- **Fest installierte Sichtschutzwände** gibt es in verschiedenen Ausführungen, aus farbigem Plastik, Holz, Weidengeflecht oder Bambus. Erkundigen Sie sich beim Kauf, wie die Elemente auf Balkon oder Terrasse befestigt werden. Und sprechen Sie vor dem Kauf eines fest montierten Sichtschutzes auf jeden Fall auch mit Ihrem Vermieter (bei Eigentumswohnungen mit der Hausgemeinschaft), bevor Sie dauerhaft Haken oder Nägel in der Fassade anbringen.
- **Kästen und Töpfe mit integrierten Kletterwänden** (→ Seite 45) sind eine flexible Lösung und lassen sich jederzeit und überall aufstellen.

Die Wasserfallpflanze entwickelt sich bald zu einem »Vorhang«.

Am Rankgerüst können Sie ein- oder mehrjährige Kletterpflanzen hochziehen, einzelne Pflanztöpfe aufhängen oder das Gitter mit Stoff bespannen. Mit einem Pflanzgefäß auf Rollen sind Sie noch mobiler.

Charmant geschützt

Wenn Sie einen »lebenden« Sichtschutz vorziehen, dann hängen Sie doch an Ihrem Balkongeländer mehrere Kästen und Töpfe versetzt und in unterschiedlichen Höhen auf. Oder setzen Sie Kletter- und Hängepflanzen (→ Seite 108–111) ein.

Himmelsstürmer

Kletterpflanzen sind die charmanteste Art, sich einen uneinsehbaren Platz auf dem Balkon zu schaffen. Ihr Blüten- und Blattschmuck lässt den praktischen Zweck in den Hintergrund treten. Sie haben die Wahl zwischen rasch wachsenden einjährigen und langsamer wachsenden, aber über Jahre immer dichter und kräftiger werdenden mehrjährigen Kletterpflanzen.

- **Einjährige Kletterpflanzen** wie Duftwicke, Feuerbohne, Glockenrebe, Kapuzinerkresse, Prunkwinde oder Schwarzäugige Susanne bilden ab Mai relativ schnell eine grüne und blühendeWand. Sie sind preiswert, da Sie die Pflanzen ab März aus Samen selbst im Zimmer vorziehen können. Damit die Pflanzen an Höhe gewinnen, benötigen sie zum einen eine gute Kletterhilfe (→ Checkliste und Seite 45), zum andern genügend Nährstoffe und Wasser. Geben Sie in der Hauptwachstumszeit alle ein bis zwei Wochen einen Flüssigdünger ins Gießwasser.
- **Mehrjährige Kletterpflanzen** wie Clematis, Kletterhortensie, Efeu oder Geißblatt bleiben über Jahre hinweg an der gleichen Stelle. Sie benötigen also von Anfang an ein größeres Pflanzgefäß und robustere und stabilere Kletterhilfen. Im Winter müssen sie vor allem in den ersten Jahren vor starkem Frost geschützt werden (→ Seite 91).

Ich rate Ihnen, zusammen mit langlebigen, winterharten Kletterpflanzen zeitgleich einjährige Kletterer einzusetzen, die erst einmal den Sichtschutz übernehmen können.

Alles Gute kommt von oben

Stark wachsende Hängepflanzen wie Hängepetunien, Harfenstrauch oder Zweizahn bilden im Laufe des Sommers lang herabhängende Blüten- und Blattkaskaden. Geschickt aufgehängt und verteilt, bilden Sie nicht nur einen schönen Rahmen für Balkon und Terrasse, sondern halten neugierige Blicke fern, ohne einengend oder störend zu wirken. Ihr Vorteil: Sie benötigen keinen Standplatz auf der Balkonfläche! Ihr Nachteil: Sie sind auf Grund ihrer luftigen Höhe nicht ganz so einfach zu gießen. Eine sichere Befestigung der Ampeln (→ Seite 43) versteht sich von selbst!

Praxisinfo

KLETTERFORMEN UND PASSENDE KLETTERHILFEN

- Ranker und Schlinger benötigen senkrecht angebrachte Kletterhilfen wie Rankgerüste, gespannte Seile oder eine Weidenpyramide.
- Spreizklimmer, z. B. Kletterrosen, brauchen waagerechte Kletterunterstützung. Biegen Sie die Triebe zur Seite und binden Sie sie fest.
- Selbstklimmer wie Efeu halten sich selbst an der Mauer fest und kommen ohne zusätzliche Kletterhilfe aus.

› FRAGE & ANTWORT

Expertentipps rund um die Planung

Möglichkeiten, Balkon und Terrasse in eine »grüne Oase« zu verwandeln und wohnlich zu gestalten, gibt es viele. Sie können gleich den ganzen Balkon zu einem Garten machen oder vorerst nur eine kleine Ecke. Planen Sie gut, überlassen Sie die Gestaltung nicht dem Zufall!

? Wir haben leider nur einen sehr kleinen Balkon. Können wir ihn trotzdem in ein blühendes Paradies verwandeln?

Ein kleiner Balkon ist kein Grund, auf Pflanzenpracht und -vielfalt zu verzichten. Halten Sie die Bodenfläche möglichst für einen Sitzplatz frei. Nutzen Sie das Balkongeländer in allen Richtungen aus. Verwenden Sie möglichst Blumenampeln, Hanging Baskets und Gefäße, die an der Hauswand befestigt werden können. Verzichten Sie auf ausladende Pflanzen zugunsten schmaler und eher hochwachsender.

? Ich wohne im 3. Stock eines Mietshauses. Was muss ich bei der Bepflanzung meines Balkons beachten?

Wenn in Ihrem Mietvertrag nichts Besonderes zur Balkonnutzung aufgeführt ist, können Sie ihn gestalten wie Sie wollen. Allerdings darf die Mietsache nicht beschädigt und der Untermieter nicht beeinträchtigt werden. Sorgen Sie mit Übertöpfen oder Untersetzern dafür, dass beim Gießen überschüssiges Wasser nicht ungebremst unten herausläuft. Abgefallene Blütenblätter von rot blühenden Geranien verursachen unliebsame Flecken – sprechen Sie sich mit Ihrem Untermieter ab, bevor es Ärger gibt.

? Ich habe zwei sehr schöne Metalleimer geschenkt bekommen, die ich gerne bepflanzen und auf der Terrasse aufstellen würde. Muss ich da etwas Besonderes beachten?

Natürlich geht das. Legen Sie vor dem Pflanzen für alle Fälle eine Folie in das Gefäß ein, es könnten eventuell Pflanzen schädigende Stoffe freigesetzt werden. Wenn Sie die Eimer immer als Pflanzgefäß benutzen wollen, dann sollten Sie Wasserabzugslöcher bohren. Wenn nicht, dann bringen Sie eine dicke Drainageschicht ein (→ Seite 38/39). Da sich die Gefäße in der Sonne stark aufheizen und die Wurzeln sich dann überhitzen könnten, eignen sie sich nur bedingt für einen Standort in der prallen Sonne.
Ich empfehle Ihnen, die Eimer nicht direkt zu bepflanzen, sondern nur als Übertöpfe zu verwenden. Achten Sie dann jedoch darauf, dass sich nach dem Gießen kein überschüssiges Wasser im Eimer sammelt.

? Wir möchten unsere Terrasse in erster Linie genießen und möglichst wenig Arbeit damit haben. Zu was für einer Bepflanzung raten Sie uns da?

Pflanzen Sie am besten winterharte Balkonblumen (→ Seite 112/113) und immergrüne Gehölze (→ Seite 116). Diese bleiben mehrere Jahre im Topf und brauchen auch im Winter nicht eingeräumt werden. Wählen Sie Arten aus, die gut mit Hitze zurecht kommen und keinen besonders hohen Wasseranspruch haben. Wenn Sie eine automatische Bewässerung installieren (→ Seite 55), haben Sie noch weniger Arbeit. Neben dem Gießen muss einmal im Monat gedüngt und Verblühtes und Verwelktes entfernt werden. Der Pflegeaufwand reduziert sich also auf ein Minimum.

? Wir möchten auf unserer Terrasse vor allem Kräuter und Gemüse anbauen. Trotzdem soll sie schön bunt aussehen. Was können wir tun?

Kräuter und Gemüse sind nicht nur grün. Es gibt die unterschiedlichsten Laubfärbungen. Hinzu kommen verschiedene Blattgrößen und -formen. Von Basilikum, Thymian und Salbei gibt es inzwischen viele verschiedene buntblättrige Sorten, auch zweifarbige. Auch Pflück- und Schnittsalat gibt's von Hellgrün bis Dunkelrot. Balkontomaten, Paprika und Stangenbohnen leuchten zur Fruchtreife rot, gelb und lila. Setzen Sie Ringelblumen, Kapuzinerkresse und Gewürztagetes zwischen Gemüse und Kräuter. Das bringt nicht nur Leuchtkraft: Die Blüten sind essbar, verzieren jeden Salat und geben ihm eine neue Geschmacksnuance. Malen Sie die Pflanzgefäße farbig an (→ Seite 17) und verwenden Sie bunte Accessoires (→ Seite 22/23).

? Ich habe einen Balkon, der sehr stark Wind und Wetter ausgesetzt ist. Können Sie mir da besonders robuste Balkonblumen empfehlen?

Es gibt sehr viele Neuzüchtungen, denen Wind und Regen nichts mehr ausmacht, z. B. Leberbalsam, Weiße Zwerg-Margeriten, Goldtaler, Pantoffelblumen, Verbenen, Fleißige Lieschen oder Duftsteinrich. Fragen Sie beim Kauf nach den robusteren Sorten. Schützen Sie bei anhaltendem Regen am Geländer befestigte Pflanzen mit einer Haube (→ Seite 61). Verwenden Sie standfeste Pflanzgefäße. Füllen Sie in Plastikgefäße eine Schicht groben Kies ein, das beschwert das Gefäß und sorgt zudem für eine gute Drainage. Binden Sie am Boden stehende Töpfe mit einem Spanngurt am Geländer fest.

? Wir haben einen relativ kleinen vorgebauten Balkon, auf dem wir aber gern möglichst viele Pflanzen unterbringen wollen. Die entsprechenden platzsparenden Stellagen haben wir schon. Nun kommen uns aber Bedenken, dass wir den Balkon eventuell zu stark belasten.

In der Regel kann ein vorgebauter Balkon mit ca. 250 Kilogramm Gewicht pro Quadratmeter bedenkenlos belastet werden. Gewicht kommt aber schnell zusammen: Gewicht der Pflanzgefäße zuzüglich Erde, Pflanzenmasse und Gießwasser. Hinzu kommen Balkonmöbel und natürlich Ihr eigenes Gewicht. Überschlagen Sie das einmal grob. Und dann überlegen Sie genau, was Sie wo auf dem Balkon verteilen wollen. Verzichten Sie auf schwere Terrakotta-Töpfe zugunsten leichter Plastikimitate. Ein Kunststoff-Klappstuhl wiegt weniger als einer aus Eisen. Hängen Sie mehr Pflanzen an der Decke und der Hauswand auf. Fragen Sie im Zweifel einen Statiker um Rat.

? Bei mir hat sich im Laufe der Zeit eine ganze Anzahl von verkalkten, fleckig gewordenen und bemoosten Ton- und Terrakotta-Töpfen angesammelt. Kann ich die noch verwenden?

Aber natürlich. Legen Sie die Töpfe in eine Schüssel oder eine Wanne mit hochkonzentriertem Essigwasser und lassen Sie sie einige Stunden darin einweichen. Schrubben Sie die Töpfe dann mit einer harten Wurzelbürste oder einem Topfreiniger sauber ab und spülen Sie mit viel klarem Wasser nach. Töpfe, die partout nicht sauber werden wollen, zerkleinern Sie vorsichtig mit einem Hammer. Tonscherben sind ein sehr gutes Drainagematerial und eignen sich hervorragend zum Abdecken von Abzugslöchern. Stecken Sie den Topf zum Zerkleinern in eine feste Plastiktüte, und klopfen Sie mit der Breitseite des Hammers auf den Topf.

? Ich bin berufstätig und kann meinen Balkon fast nur am Abend nutzen. Gibt es Pflanzen, die auch noch in der Dämmerung wirken?

Das ist gar kein Problem. Pastellfarbige, besser noch rein weiße Blüten besitzen selbst in der Dämmerung eine enorme Leuchtkraft. Wenn Sie jetzt noch Balkonblumen auswählen, die zart duften – dann steht dem genussvollen Schlummerstündchen im Kerzenlicht nichts mehr im Weg. Ich empfehle Ihnen eine Kombination aus weiß- und rosablühenden Duftwicken, Duftsteinrich, Ziertabak, Lilien, Schneeflockenblume, Staudenphlox und duftenden Rosen-Sorten.

2

Pflanzen-praxis

Die Balkonsaison beginnt

Mitte Mai fällt der Startschuss für die Balkonsaison. Überall warten schon die verschiedensten Jungpflanzen darauf, Kästen, Töpfe und Ampeln zu füllen und in ein prächtiges Blütenmeer zu verwandeln. Höchste Zeit, mit den Pflanzvorbereitungen für den eigenen Balkon zu beginnen!

Lust auf pausenlose Blütenpracht? Je besser die Auswahl und die Startbedingungen sind, desto mehr Freude werden Sie im Laufe des Jahres an Ihren Blumen haben. Achten Sie daher beim Pflanzenkauf auf Qualität. Verwenden Sie nur hochwertiges Pflanzsubstrat und setzen Sie die Pflanzen sorgfältig ein.

Die Verführung ist groß

In Gärtnereien und Gartencentern finden Sie zu jeder Jahreszeit eine große Auswahl von Balkonblumen. Das Angebot ist verlockend – oftmals zu verlockend! Da ist es gut, wenn Sie Ihre Balkonbepflanzung schon rechtzeitig geplant haben (→ Seite 8–17) und schon wissen, welche und wie viele Pflanzen Sie für Ihre Frühjahrs-, Sommer- oder Herbstbepflanzung benötigen. Dann brauchen Sie nur Ihre Einkaufsliste zur Hand zu nehmen und loszugehen. Sie können ganz gezielt einkaufen – Sonderangebote lassen Sie kalt, und Sie kaufen auch nicht (viel) mehr als Sie brauchen! Vielleicht wäre es ganz sinnvoll, wenn Sie sich zu Hause noch einige Alternativen auflisten, falls Sie doch nicht alle gewünschten Arten bekommen. Nehmen Sie nur gesunde Pflanzen bester Qualität mit nach Hause (→ Seite 34/35).

Der erste Schritt zu schönen Pflanzen

Lassen Sie sich nicht von den ersten warmen Frühlingstagen verführen, und starten Sie nicht zu früh mit dem Bepflanzen. Es wäre schade, wenn noch einsetzende Nachtfröste den jungen Pflanzen den Garaus machen würden. Am sichersten ist das nach den Eisheiligen Mitte Mai.

Es lohnt auf jeden Fall, sich zum Pflanzen ausreichend Zeit zu nehmen und die Pflanzung gut vorzubereiten. Hastig eingesetzte Pflanzen wachsen oft nur schlecht an oder gedeihen nicht richtig.

Halten Sie saubere Pflanzgefäße, Drainagematerial, Pflanzsubstrat und entsprechendes Pflanzwerkzeug (→ Seite 32/33) bereit und richten Sie sich einen »Arbeitstisch« ein.

Temperamentvolles (rechts) und genussreiches (oben) Rot: Passendes Drumherum lässt die Blütenfarben noch mehr leuchten.

GUT GEPFLANZT

1 Pflanzgefäße: Tongefäße sollten Sie vorher wässern; achten Sie auf Abzugslöcher

2 Drainagematerial: Tonscherben, Blähton, Kies und Katzenstreu verhindern Staunässe

3 Verwenden Sie hochwertige Balkonblumenerde; für Erika und Rosen empfiehlt sich Spezialerde

4 Pflanzschaufel: zum leichteren Einfüllen des Substrats

5 Gießkanne: zum Angießen handwarmes, abgestandenes Wasser verwenden

Nützliche Helfer für die Pflege

PREISWERTE AUSSAAT

1 Aussaatschale: zur Aussaat feiner Samen und Anzucht von Jungpflanzen

2 Tongefäße und Torfquelltöpfe: zur Aussaat großer Samen und Anzucht pikierter Sämlinge

3 Aussaaterde: besonders hochwertiges Substrat zur Anzucht

4 Sieb: zum Abdecken des Saatgutes mit Aussaaterde

5 Zerstäuber: zum gleichmäßigen Einsprühen des Saatgutes

6 Pikierstäbchen: erleichtern das Vereinzeln der Sämlinge

STECKLINGE SCHNEIDEN

1 Aussaaterde: auch bei der Anzucht ist bestes Substrat notwendig

2 Anzuchtgefäße: dazu eignen sich Torfquelltöpfe, Anzuchtschalen, kleine Tontöpfchen oder Multitopfplatten

3 Schnittwerkzeug: die Messerklingen sollten sauber und scharf sein

4 Pikierholz: damit lässt sich das Loch zum Einsetzen des Stecklings vorbohren

5 Sprühflasche: die Stecklinge brauchen gleichmäßige Feuchtigkeit

6 Abdeckhauben: sorgen für ein ideales feucht-warmes Klima zum Wachsen

Ob Pflanzschaufel oder Gartenschere – für den Balkongärtner gibt es einige Werkzeuge und Materialien, die ihm im Laufe der Saison das Pflegen seiner Schützlinge deutlich erleichtern.

ETWAS PFLEGE MUSS SEIN

1 Kultivator: lockert das Substrat auf

2 Schnittwerkzeuge: vielseitig einsetzbar, vom Ausputzen bis zum Rückschnitt

3 Aufbindematerial: unentbehrlich zum Festbinden und Aufleiten

EINE GIESSKANNE …

… ist ein unverzichtbarer Helfer beim Pflanzen, Pflegen und Vermehren. Plastikgießkannen sind leichter, werden aber mit der Zeit unansehnlich, wenn sie Sonne und Regen ausgesetzt sind. Metallgießkannen sind nicht nur praktische Helfer, sie können auch als Dekorationsmaterial eingesetzt werden.

Pflanzen in Hülle und Fülle

Von der eigenen Anzucht auf der Fensterbank über den Kauf im Gartencenter oder der Gärtnerei bis hin zur Bestellung via Katalog oder Internet – es gibt viele Wege, zu bunter Blütenpracht zu kommen.

In einem Korb oder einer Obststeige stehen die Pflanzen beim Transport besonders sicher.

Mit dem Kauf von Balkonblumen und Saatgut können Sie sich das ganze Jahr über beschäftigen. Wälzen Sie Pflanzkataloge und besuchen Sie Gartencenter, Gärtnereien und Märkte. So schaffen Sie sich einen guten Überblick, wo Sie beste Qualität und gute fachliche Beratung erhalten.

Gepflanzt wird das ganze Jahr

Der Balkongärtner hat immer etwas zu pflanzen oder zu säen, damit es auf seinem Balkon vom Frühjahr bis zum Spätherbst unermüdlich blüht.

- Grundlage für einen bunt leuchtenden Frühjahrsbalkon ist die Auswahl und Pflanzung entsprechender Zwiebel- und Knollenblumen im September und Oktober des Vorjahres.
- Ab März beginnt die Aussaat der einjährigen Sommerblumen auf dem Fensterbrett (→ Seite 74/75). Zeit, Samenkataloge zu wälzen und Saatgut zu bestellen, ist im Winter ja genügend vorhanden. Vielleicht haben Sie ja auch im Spätsommer von Ihren eigenen Pflanzen Samen abgenommen?
- Im April können robuste Einjährige wie Kapuzinerkresse auch schon direkt in die Kästen gesät werden. Jetzt wird es auch Zeit, die Knollen und Zwiebeln von Dahlien, Lilien oder Knollenbegonien in die Erde zu bringen.
- Ab Mai beginnt dann die Hauptsaison für den Balkongärtner. Jetzt werden überall vorgezogene ein- und mehrjährige Balkonblumen, Kräuter, Salat- und Gemüsepflanzen angeboten. Immergrüne und winterharte Pflanzen gibt es das ganze Jahr über zu kaufen – aber auch sie haben jetzt ihre Hauptabsatzzeit.
- Die nächste Hochsaison für Balkonblumen ist dann im September, wenn Chrysanthemen oder Erika den bunten Sommerflor ablösen.

Jetzt können Sie von Ihren Sommerblumen auch Samen und Stecklinge abnehmen (→ Seite 76/77) und für's nächste Jahr vorsorgen. Mit dem Pflanzen der Frühjahrsblüher beginnt der Kreislauf von vorn.

Nur Bestes für Kasten und Topf

Schauen Sie sich Pflanzen und Saatgut vor dem Kauf genau an. Gut gewachsene Pflanzen, gesunde Zwiebeln und Knollen und Qualitätssaatgut sind das beste Startkapital.

- Sind die **Triebe** kräftig, sortentypisch gefärbt und je nach Wuchsform der Pflanze mehr oder weniger stark verzweigt? Eine Hängepflanze sollte dichte Triebe über den Topfrand hinaus bilden, eine aufrechte Geranie möglichst viele Verzweigungen vom Grund aus haben.
- Sind die **Blätter** kräftig ausgefärbt, frei von Flecken oder Fraßspuren? Gelbe Blätter bei einer an sich grünen Pflanze sind ein Zeichen für Mangelerscheinungen, ebenso wie braune Blattränder oder deutlich hervortretende Blattadern.
- Haben die Blütenpflanzen genügend **Knospen** angesetzt?
- Sind die **Blüten** kräftig ausgefärbt und ausgebildet? Blasse

Stellen Sie die Balkonblumen beim Kauf gleich einmal zusammen. Dann sehen Sie, wie Farben und Formen wirken.

Blütenfarben und unvollständig ausgebildete Blütenformen sind ein schlechtes Zeichen. An solchen Pflanzen werden Sie in der Regel wenig Freude haben.

- Dass die Pflanze **frei von Schädlingen** sein soll, versteht sich von selbst. Schauen Sie zwischen die Blätter und auch auf die Blattunterseiten!
- Sind viele helle, frische **Wurzeln** zu erkennen, die den Ballen zusammenhalten? Hat sich bereits ein dichter Wurzelfilz gebildet, wachsen die Wurzeln aus dem Abzugsloch heraus oder lässt sich die Pflanze gar schwer austopfen, ist sie bereits überständig und wird länger brauchen, um im Kasten Fuß zu fassen. Fällt der Ballen auseinander, ist die Pflanze noch zu jung. Sie wird wahrscheinlich im Kasten der Konkurrenz stärkerer Pflanzen nicht standhalten.
- Je größer **Blumenzwiebeln und -knollen** sind, desto besser. Verzichten Sie auf kleine, weiche, schimmelige oder schrumpelige Ware.
- **Qualitätssaatgut** ist in speziellen Keimschutzpackungen verpackt. Achten Sie auf das Haltbarkeitsdatum.

Ab nach Hause!

Verpacken und transportieren Sie die Balkonblumen so, dass sie auch unbeschädigt zu Hause ankommen.

- Wickeln Sie Pflanzen mit brüchigen Trieben, z. B. Begonien, vorsichtig so straff wie möglich in Zeitungspapier ein.
- Legen Sie bei Hängepflanzen die langen Triebe nach oben und wickeln Sie Zeitungspapier um Triebe und Topf. So kann nichts abbrechen oder durcheinander geraten.
- Einzeln verpackt können Sie die Pflanzen dann dicht an dicht in eine Kiste oder einen Karton stellen. Nichts bricht ab, und nichts verheddert sich.
- Große Pflanzen im Container brauchen Sie nicht einzuwickeln. Achten Sie nur darauf, dass die Töpfe sicher stehen.
- Bringen Sie die Pflanzen zügig nach Hause.

Tipp

BALKONBLUMEN SANFT EINGEWÖHNEN

Vom wohl temperierten Gewächshaus einer Gärtnerei oder eines Gartencenters raus auf den Balkon – das ist für empfindliche Jungpflanzen eine große Umstellung. Damit sich die Pflanzen langsam an die Sonne gewöhnen, sollten Sie sie in den ersten Tagen vor allem während der Mittagsstunden locker mit Zeitungspapier abdecken.

Gut gebettet – das richtige Pflanzsubstrat

Das Angebot an Erden ist groß und vielfältig. Je besser die Erde, desto besser das Wachstum der Pflanze. Bieten Sie Ihren Blüten- und Blattpflanzen das Substrat an, in dem sie am besten gedeihen!

Pflanzen, die üppig blühen sollen, brauchen ein hochwertiges Substrat speziell für Blütenpflanzen.

Strukturstabil lautet das Zauberwort guter Pflanzsubstrate. Das bedeutet, dass das Substrat nicht zusammensackt und auch bei Dauerbepflanzung und häufigem Gießen noch luftdurchlässig und locker bleibt. Die Pflanzenwurzeln erhalten sogar bei Nässe genügend Sauerstoff!
Je hochwertiger das Pflanzsubstrat ist (→ Seite 49), desto strukturstabiler ist es – und das erkennen Sie am Preis! Wenn Sie Blumenerde kaufen, sollten Sie nicht auf den Euro schauen. Verzichten Sie auf Billigerden und halten Sie sich an die Produkte bekannter Firmen.

Die Mischung macht's

Fertige Substratmischungen bestehen aus verschiedenen Bestandteilen: Torf oder einem Torfersatzstoff, Ton, Rindenhumus, Grünkompost, strukturverbessernde Holzfasern und einer gewissen Menge an Vorratsdünger. Die ausgewogene Zusammensetzung der einzelnen Komponenten macht die Qualität des Substrats aus.

- Die enthaltenen Hauptnährstoffe Stickstoff (N), Phosphor (P), Kalium (K) sind im so genannten N:P:K-Verhältnis auf dem Erdesack vermerkt und auf die Bedürfnisse der jeweiligen Pflanzengruppe abgestimmt. Die meisten Pflanzsubstrate bieten für die ersten 4–6 Wochen genügend Nährstoffe, dann muss nachgedüngt werden (→ Seite 56/57).
- Sehr vielen Fertigsubstraten ist auch noch Perlit (aufge-

schäumtes Gestein) oder Styroporkügelchen zugemischt, die für die Durchlüftung des Substrats, d. h., dafür sorgen, dass die Wurzeln genügend Sauerstoff bekommen.

Welche Erden werden angeboten?

Das große Angebot an Pflanzsubstraten reicht von der Billigerde bis zum Spezialsubstrat. Die Bezeichnungen sind oftmals verwirrend. Lesen Sie auf alle Fälle, aus welchen Bestandteilen das Substrat zusammengesetzt ist.

- **Einheitserde** enthält schnell wirkende Dünger und Langzeitdünger. Sie genügt in der Regel für fast alle Balkonblumen.
- **Blumenerde** enthält etwas weniger Dünger und eignet sich eher für einjährige Sommerblüher. Mischen Sie gleich Hornspäne darunter, dann sind die Pflanzen gut versorgt.
- **Balkonblumenerde** ist eine Variante der Einheitserde, nur mit mehr Dünger angereichert, damit die Pflanzen einen guten Start haben und gut blühen. Hier brauchen Sie erst nach 8 Wochen nachzudüngen.
- **Geranienerde** hat etwa die selbe Qualität wie Balkonblumenerde. Sie kann auch für andere Balkonblumen als Geranien eingesetzt werden.

Unterschiedliche Ansprüche

So verschieden die Pflanzen sind, so unterschiedliche Ansprüche haben sie auch an das Substrat, in dem sie gut wachsen und gedeihen.

- Grünpflanzen brauchen andere Nährstoffe als Blütenpflanzen. Es gibt daher spezielle **Grünpflanzen-** und **Blütenpflanzenerde.**
- Rosen gedeihen am besten in humosem, sandigem Lehmboden mit viel Dünger. All das bietet eine spezielle **Rosenerde.**
- Azaleen, Rhododendren und Erika lieben sauren Boden. Sie kümmern in kalkhaltigem Boden und bekommen gelbe Blätter. Der Markt bietet deshalb eine spezielle **Rhododendron-** oder **Moorbeetpflanzenerde** an.
- Für den kleinen Wassergarten auf dem Balkon (→ Seite 46/47) brauchen Sie nährstoffarme **Teicherde**. Wenn Sie Seerosen einsetzen, eignet sich **Seerosenerde** noch besser.
- Tomaten setzen in einer **Tomatenerde** mehr Früchte an als in Einheitserde.
- Last not least brauchen Sie für die Aussaat (→ Seite 74/75) und Anzucht (→ Seite 76/77) spezielle Aussaat- und Anzuchterde.

Spezialerden machen durchaus Sinn – wenn Sie die Menge auch in einer Saison aufbrauchen. Angebrochene Erdesäcke verlieren mit der Zeit an Qualität und trocknen aus. Haben Sie nur einen Tomatenstock auf dem Balkon, wächst dieser in Einheitserde – dafür aber gut gedüngt – genau so gut. Mit Sand, Kompost oder Blähton kann Einheitserde für spezielle Pflanzungen auch selbst »aufgewertet« werden.

Bringen Sie »Luft« ins Pflanzsubstrat

1 Halten Sie immer eine kleine Menge Sand parat. Er lockert das Substrat und verbessert den Wasserabfluss.

2 Mediterrane Pflanzen brauchen besonders luft- und wasserdurchlässiges Substrat. Hier hilft Beimischen von Perlit.

3 Blähton ist nicht nur etwas für Hydrokultur: Er »lüftet«, speichert Feuchtigkeit und sorgt für eine gute Drainage.

PRAXIS

Gut gepflanzt in Kasten, Topf und Ampel

Beim Pflanzen kommt Freude auf. Jetzt findet jede Pflanze den Platz, den Sie für sie vorgesehen haben. Auch wenn's Ihnen in den Fingern kribbelt, gehen Sie langsam und sorgfältig vor.

Die Balkonblumen sind gekauft, genügend Pflanzgefäße und passendes Substrat ebenfalls. Der Arbeitsplatz ist vorbereitet – nun kann's losgehen!

Die beste Zeit zum Pflanzen

Mäßig warme Tage bei leicht bedecktem Himmel eignen sich am besten zum Pflanzen, aber auch zum Eingewöhnen der Jungpflanzen an ihren neuen Standort. Die Wurzeln haben genügend Zeit, im Substrat Fuß zu fassen und sind nicht sofort nur damit beschäftigt, Wasser aufzunehmen. Scheint die Sonne schon kräftig, dann brauchen die Pflanzen Schutz. Stellen Sie die neu bepflanzten Gefäße zunächst in den Schatten, damit die Pflanzen sich stressfrei eingewöhnen. Nach ein paar Tagen können sie an ihren endgültigen Bestimmungsort. Halten Sie kräftige Sonnenstrahlen noch ab (→ Tipp Seite 35).

Platz zum Wachsen

Wie viele Pflanzen im Pflanzgefäß Platz finden, hängt sowohl von der Größe des Gefäßes als auch von der individuellen Wuchsform der Pflanze sowie ihrer Wuchskraft ab. Plastikkästen gibt es in den Maßen 60 x 20 cm, 80 x 20 cm, 100 x 20 cm oder 120 x 20 cm. Am gebräuchlichsten sind die längeren Formate. Terrakotta-Kästen sind meist breiter, dafür aber kürzer, Metallkästen oft schmäler. Bei Schalen und Ampeln sind ganz verschiedene Durchmesser vorhanden.

Auf Abstand gehen

Bei Sommerblumen gilt die Faustregel: eine Handbreit Abstand zwischen den einzelnen Pflanzen. Mehrjährige Balkonblumen sollten ca. 20 cm Abstand zur nächsten Pflanze haben. Beim Einsetzen der noch kleinen Jungpflanzen ist man stets geneigt, etwas dichter zu pflanzen, weil's gar so

1

Für guten Abfluss sorgen
Decken Sie das Wasserabzugsloch mit einer Tonscherbe ab. Dadurch können größere Substratteilchen das Loch nicht zusetzen, überschüssiges Wasser aber kann ungehindert unter der Scherbe durchlaufen.

2

Nasse Füße vermeiden
Legen Sie über der Scherbe eine etwa 2–3 cm hohe Drainageschicht an. Achten Sie darauf, dass sich die Scherbe nicht verschiebt. Füllen Sie jetzt das Gefäß zur Hälfte mit Pflanzsubstrat auf.

dürftig aussieht. Ein neu bepflanztes Gefäß mit Jungpflanzen dicht an dicht sieht nur am Anfang ansprechend aus. Relativ bald wird es den einzelnen Pflanzen zu eng. Stark wüchsige Arten unterdrücken die schwach wüchsigeren, nehmen ihnen Luft, Licht und Nährstoffe weg. Die Pflanzung wird immer unschöner.

Gut verteilt

Zwiebelblumen und Frühjahrsblüher können Sie dicht an dicht pflanzen. Sie breiten sich nicht so stark aus wie die wuchsfreudigen Sommerblumen und bleiben nur wenige Wochen im Pflanzgefäß. Gleiches gilt für die Herbstblüher. Mehrjährige Pflanzen brauchen von Anfang an mehr Platz, denn sie nehmen Jahr für Jahr an Größe zu. Und Konkurrenz zu dicht gepflanzten Partnern schätzen sie gar nicht.

Ins gemachte Nest gesetzt

Die Vorbereitung zum Pflanzen ist bei allen Gefäßen gleich.

- Die Pflanzgefäße müssen sauber sein! Entfernen Sie Substrat- und Wurzelreste, Algen und Moos mit einer harten Bürste und reichlich Wasser. Gegen Kalkabscheidungen hilft lauwarmes Essigwasser (→ Seite 27).
- Tontöpfe und poröse, glasierte Gefäße vor dem Bepflanzen 1–2 Tage wässern. Die Gefäße saugen sich in dieser Zeit mit Wasser voll. Die eingesetz-

BLUMENPRACHT IM KASTEN

J	F	M	A	M	J	J	A	S	O	N	D

Zeitbedarf:

ca. 30–60 Min.

Material:

- Balkonkasten (100 cm lang, 20 cm breit)
- 5–6 Pflanzen
- Drainagematerial
- ca. 20 l Balkonblumenerde, Langzeitdünger

Werkzeug, Zubehör:

- Pflanzschaufel
- Gießkanne ohne Tülle

3

Die Pflanzung vorbereiten
Formen Sie mit der Pflanzschaufel den Wurzelballen entsprechende Pflanzlöcher vor. Fassen Sie die Pflanze am besten am Wurzelhals und setzen Sie sie in das vorbereitete Loch ein, und zwar so tief, wie sie vorher auch im Topf stand.

4

Für guten Stand sorgen
Setzen Sie eine Pflanze nach der anderen in die Pflanzlöcher ein. Stimmt die Pflanzung? Wenn ja, drücken Sie die Pflanzen fest an und füllen Sie die Zwischenräume mit Erde auf. Immer wieder leicht nachdrücken und auffüllen!

5

So läuft nichts über
Füllen Sie das Gefäß nicht ganz voll, sonst schwimmt Ihnen gleich beim Angießen Erde davon, sondern lassen Sie ca. 2 cm Gießrand. Ebnen Sie die Substratoberfläche gut ein. Gießen Sie die Pflanzen langsam von allen Seiten an.

1

Grundlage schaffen
Damit der Weidenkorb länger hält und beim Gießen kein Substrat durch die Ritzen quillt, kleiden Sie ihn mit fester Folie aus. Sehen Sie am tiefsten Punkt ein Abzugsloch vor.

2

Festen Halt im Eimer
Sie können die halbkugelige Ampel viel leichter mit Erde befüllen, wenn Sie sie in einen größeren Tontopf oder Eimer stellen. Füllen Sie den Korb bis ca. 10 cm unter dem Rand mit Erde.

3

Rein in die Erde
Drehen Sie die Pflanzen vorsichtig aus dem Anzuchttopf heraus, und setzen Sie sie so tief ein, dass die Ballenoberfläche mit der Erde im Korb abschließt.

4

Hohlräume füllen
Füllen Sie Zwischenräume mit Erde auf. Gießen Sie dann vorsichtig zwischen den Pflanzen an, damit sich etwaige Hohlräume in der Erde schließen.

ten Balkonblumen müssen dann nicht unnötigerweise mit den Gefäßen um das Nass konkurrieren.

- Alle Gefäße, außer Wasserspeicherkästen, brauchen Abzugslöcher für überschüssiges Wasser. Viele Plastikgefäße haben vorgestanzte Abzugslöcher am Gefäßboden. Mit einer Bohrmaschine oder mit Hilfe von Schraubenzieher und Hammer können Sie sie vorsichtig herausdrücken.
- Beugen Sie der Staunässe vor, indem Sie eine Drainageschicht anlegen (→ Abb. 2 Seite 38). Geeignet sind Sand, Kies, Tonscherben oder Blähton. Auch Katzenstreu und Styroporkügelchen haben sich als gut herausgestellt. Bedecken Sie feineres Drainagematerial mit dünnem Vlies, damit beim Gießen das Pflanzsubstrat nicht in die Drainageschicht eingeschwemmt wird.
- Füllen Sie das Gefäß mit etwa zwei Drittel Pflanzsubstrat auf (→ Abb. 3 Seite 39). Sinnvoll ist es, dem Substrat jetzt schon eine dosierte Menge (Dosierungshinweise auf der Packung beachten!) Langzeitdünger (→ Seite 57) beizumischen.

Die Pflanzen ziehen ein

- Stellen Sie die Balkonblumen vor dem Einpflanzen in ein Gefäß mit lauwarmem Wasser und wässern Sie die Wurzelballen gründlich, dann können Sie die Pflanzen leichter austopfen.
- Lassen Sie die Pflanzen zunächst noch in ihren Töpfen

und stellen Sie sie erst einmal probeweise so ins Gefäß, wie Sie sich die Pflanzung gedacht haben. Hat jede Pflanze auch genügend Platz oder fehlt noch eine? Stimmt die Anordnung? Große Pflanzen gehören nach hinten, kleine nach vorn, aufrecht wachsende in die Mitte, hängende an den Rand. Gefällt Ihnen das Arrangement? Dann nichts wie rein in die Erde!

- Verwenden Sie zum Angießen eine Gießkanne ohne Tülle, dann können Sie gezielter gießen. Nehmen Sie sich Zeit und gießen Sie in mehreren kleinen Schüben. Das Wasser kann langsam einsickern, und das gesamte Substrat wird gut durchfeuchtet.
- Wenn Sie das Pflanzgefäß so aufstellen, dass die Abzugslöcher vom Boden her frei sind (etwas Zeitungspapier rechts und links vom Abzugsloch unterlegt hilft schon), dann sehen Sie, wenn überschüssiges Wasser aus den Abzugslöchern sickert. Jetzt ist das Substrat gründlich durchfeuchtet.

Die etwas andere Art der Bepflanzung

Ob Sie große oder kleine, runde oder eckige Gefäße verwenden, hängende, kletternde oder stehende Pflanzen einsetzen – das Procedere ist immer dasselbe. Aber Ausnahmen bestätigen die Regel.

Dicht an dicht

Zwiebel- und Knollenpflanzen brauchen ein besonders durchlässiges Substrat und eine dickere (5 cm) Drainageschicht. Die Pflanztiefe beträgt etwa das Zweifache der Zwiebel- oder Knollenhöhe. Große Zwiebeln kommen nach unten ins Gefäß, kleinere darüber. Die Zwiebeln und Knollen können dicht an dicht gesetzt werden, sollten sich jedoch nicht gegenseitig berühren. Je dichter das Gefäß bestückt wird, desto üppiger fällt die Blüte aus.

Bunte Blütenkugeln

Hanging Baskets sind üppiger als Ampeln, da die hängenden Drahtkörbe von allen Seiten und nicht nur von oben bepflanzt werden.
Im Handel erhalten Sie die Körbe meist komplett ausgestattet mit Hängevorrichtung und Koskos- oder Kartoneinsätzen, die dem Substrat Halt geben.

- Kleiden Sie den Korb mit dem Kokos- oder Kartonmaterial aus. Alternativ können Sie auch Sphagnum-Moos (im Gartencenter erhältlich) oder Filz verwenden.
- Füllen Sie nun die Korbmulde mit Pflanzsubstrat bis 2 cm unterhalb des Korbrandes auf.
- Zunächst werden die Korbseiten bepflanzt, und zwar von unten nach oben. In die untere Reihe kommen stark wüchsige Hängepflanzen, weiter nach oben weniger stark wachsende, so genannte »Halbhänger«. Nehmen Sie Jungpflanzen mit noch relativ kleinem Wurzelballen, die lassen sich leichter einsetzen. Bohren Sie dort, wo die Pflanzen in den Korb kommen sollen, mit einem Holzstab ein Loch durch das Auslegematerial, und schieben Sie den Wurzelballen vorsichtig bis ins Substrat hinein. Wenn Sie die ganze Pflanze leicht in Folie wickeln (zum Ballen hin spitz zulaufend wie eine Eistüte), fällt der Wurzelballen nicht auseinander und Sie können fester zupacken. Steckt die Pflanze dann im Substrat, können Sie die Folie vorsichtig herausziehen.
- Oben in den Korb kommen dann buschige oder aufrecht wachsende Blüher – fertig ist die Blütenkugel.

Zum Gießen von Hanging Baskets und Ampeln brauchen Sie unbedingt eine Gießkanne mit langem, dünnem Gießrohr.

BLÜTENPRACHT, DIE VON OBEN KOMMT

J	F	M	**A**	**M**	**J**	J	A	S	O	N	D

Zeitbedarf:

ca. 30–60 Min.

Material:

- Blumenampel (ca. 30 cm Durchmesser) inkl. Aufhängevorrichtung
- evtl. Folie zum Auskleiden
- 3–5 Pflanzen
- Substrat
- evtl. Langzeitdünger

Werkzeug, Zubehör:

- Pflanzschaufel
- Gießkanne ohne Tülle

PRAXIS

Kästen, Töpfe und Ampeln sicher untergebracht

Aus Ampeln an Wand und Decke ergießt sich ein Blumenmeer. Das Balkongeländer ist unter der Blütenfülle, die aus den Kästen quillt, kaum auszumachen. Haben Sie auch alles gut befestigt?

Wenn die erste Windböe über Balkon und Terrasse fegt, Hängeampeln zu Schaukeln beginnen und Töpfe umfallen, wird es manchem Balkongärtner etwas mulmig. Sind alle Gefäße wirklich sicher befestigt, die Pflanztöpfe standhaft?

Ein blühender Rand

Das Balkongeländer bietet in der Regel sehr viel Platz, Pflanzen unterzubringen: einzeln in Töpfen oder zu mehreren in Kästen. Von außen angehängt oder auf dem Geländer stehend bringen die Pflanzen den Balkon zum Blühen, ohne dass Sie selbst in Ihrem Platzbedarf eingeschränkt werden. Doch gerade am Geländer ist eine sichere Anbringung der Pflanzgefäße besonders wichtig. Herunterfallende Töpfe und Kästen schädigen nicht nur die Pflanzen und das Gefäß, viel schlimmer: ein vorbeilaufender Fußgänger oder Ihr Untermieter könnte getroffen werden!

Praxisinfo

DER SICHERE BALKON

- Stellen Sie Töpfe und Kästen nie ungesichert auf dem Geländer auf, sondern sorgen Sie für einen stabilen und sicheren Halt.
- Gehen Sie auf Balkonen, die sich in großen Höhen befinden, auf Nummer Sicher: Hängen Sie Kästen und Töpfe innen ans Geländer.
- Kontrollieren Sie regelmäßig die Halterungen Ihrer Kästen, Töpfe und Ampeln. Besonders wichtig ist diese Kontrolle vor allem nach einem Unwetter.

»Standhafte« Kästen

Der Handel hat sich einiges einfallen lassen, um Blumenkästen sicher am Balkongeländer zu befestigen.

- Am gängigsten sind verstellbare Kastenhalter aus Zink oder farbig beschichtetem Metall (→ Abb. Seite 43). Die Halterungen verfügen meist noch über eine zusätzliche Kippsicherung, die die Oberseite des Kastens in der Waagerechten hält.
- Verschnörkelte und verzierte Metallkörbe in unterschiedlichen Farben sind da weitaus dekorativer. Viele haben sogar einen integrierten Untersetzer. Die Körbe werden an Halterungen einfach über das Geländer gehängt und dann der Balkonkasten hineingestellt. Da die Korbhalterungen meist nicht verstellbar sind, sollten Sie vor dem Kauf unbedingt die Breite Ihres Balkongeländers ausmessen. Die Halterungen sollten nicht zu locker sitzen, aber auch nicht spannen.
- Bei einem breiten Holzgeländer oder einer gemauerten Brüstung können Sie die Kästen auch auf das Geländer stellen. Halt geben in diesem Fall Kastenhalterungen in H-Form. Die untere Hälfte wird auf das Geländer gesteckt, in die obere kommt der Kasten. Absolute Sicherheit besteht, wenn Sie die Halterungen noch am Geländer festschrauben!

Hängende Töpfe

Auch Einzeltöpfe, die am Balkongeländer angebracht werden, sollten gut gesichert sein.

Hier ist die Befestigung etwas einfacher, da bepflanzte Töpfe in der Regel viel leichter sind als Kästen.

- Es gibt einfache Metallhalterungen mit integrierten Untersetzern, die am Geländer eingehängt werden.
- Sie können die einzelnen Töpfe aber auch in Übergefäße mit Griffen und Henkeln stellen, z. B. Körbe oder Metalleimerchen, und dann mit einer festen Schnur oder dünneren Ketten ans Geländer binden.
- Wenn die Töpfe außen am Geländer angebracht sind (das gilt natürlich auch für Kästen), sollten sie immer einen Untersetzer haben oder in einem Übertopf stehen – Tropfwasser kann leicht zu Streitigkeiten mit dem Untermieter führen!

»Schwebende« Blütenpracht

Decken- oder Wandampeln und Hanging Baskets tragen schwer an ihren Blütenvorhängen. Gehen Sie hier auf Nummer Sicher.

- Dübel und Haken in der Decke oder an der Wand müssen gut sitzen, damit die Gefäße auch bei Wind und Wetter sicher hängen.
- Verwenden Sie Dübel und Haken, Ketten und Schnüre lieber eine Nummer größer und stabiler. Fragen Sie im Zweifelsfall einen Fachmann im Baumarkt nach entsprechendem Material.
- Kontrollieren Sie regelmäßig Haken, Halterungen, Schnüre und Ketten. Sitzt alles noch fest?

1

Sicher aufgehängt
Blumenampeln und andere Gefäße, die von der Decke herabhängen, brauchen auf der einen Seite einen kräftigen Haken zum Ein-, auf der anderen stabile Ketten zum Aufhängen.

2

Fest eingehängt
Für Balkonkästen in den gängigen Größen sind verstellbare Kastenhalterungen (→ Seite 42) das Mittel der Wahl: Sie sind leicht zu befestigen und werden gut von den Pflanzen verdeckt.

3

Topf an Topf
In Drahtgestellen mit integrierten Untersetzern sind Einzeltöpfe am Balkongeländer sicher und auch noch schön aufgehoben.

4

Abstand halten
Drahtgestelle, die fest in die Wand eingedübelt werden, können ganz unterschiedliche Gefäße beherbergen. Halten Sie genügend Abstand zur Wand, damit die Luft zirkulieren kann.

PRAXIS

Himmelsstürmer auf dem Weg nach oben

Kletterpflanzen können sich ganz unterschiedlich entfalten: steil nach oben, leicht geschwungen oder als bizarres Netzwerk – den Weg bestimmen Sie mit der entsprechenden Kletterhilfe.

Einjährige Kletterpflanzen überzeugen mit ihren Sprinterqualitäten, mehrjährige sorgen dauerhaft für ein lauschiges Gefühl auf Balkon und Terrasse. Helfen Sie den Pflanzen, gezielt in die Höhe zu kommen.

Gezielt geleitet

Kletterpflanzen können durch entsprechende Vorrichtungen beim Begrünen von Balkon und Terrasse helfen, Sicht- und Windschutz bieten oder unschöne Wände mit attraktiven Blüten und schönem Laub verkleiden. Bei der Wahl der Kletterhilfen sind der Fantasie keine Grenzen gesetzt. Achten Sie jedoch darauf, dass die verschiedenen Kletterformen, die bei den Balkonblumen vorkommen (→ Praxisinfo), ganz unterschiedliche Kletterhilfen benötigen.

- **Rankende Kletterpflanzen** benötigen gitterartige Kletterhilfen. Zwar ranken die Pflanzen nur an den senkrecht nach oben reichenden Teilen empor, die waagerechten Teile verhindern aber, dass die Triebe wieder nach unten rutschen, sie stabilisieren also zusätzlich.
- **Schlingende** und **windende Kletterpflanzen** brauchen in der Regel nur eine senkrechte Aufleitung. Bei recht glatten Materialien, wie Bambusstäben, bietet sich aber auch eine Querverstrebung an. In Seile und Schnüre können Sie immer wieder Knoten als »Haltepunkte« machen. Bei sehr porösen Materialien, wie Sisalseilen, kann auch darauf verzichtet werden.
- **Selbstklimmer** sind »Freikletterer« – sie können die nackten Wände heraufgehen. Geben Sie den Pflanzen aber trotzdem eine Kletterunterlage (Abstand zur Wand mindestens 20 cm), dann können Sie sicher gehen, dass der Verputz nicht geschädigt wird.
- Kletterhilfen an der Wand, brauchen mindestens 5–10 cm Abstand. Direkt an der Wand angebracht, kann keine Luft um die Pflanze zirkulieren. Besonders an warmen Tagen entsteht sehr schnell ein unangenehmer Wärmestau.
- Die Kletterhilfen für einjährige Kletterpflanzen brauchen nicht so stabil zu sein wie für mehrjährige, die von Jahr zu Jahr größer und schwerer werden. Die Stäbe und Seile dürfen nicht dicker als 3 cm sein. Die dünnen Ranken und Triebe der einjährigen Kletterpflanzen können sie sonst nur schwer umwickeln und finden keinen festen Halt.

Praxisinfo

JEDER KLETTERT AUF SEINE WEISE

- **Ranker,** z. B. Clematis, Duftwicke oder Rosenkelch, umwickeln mit zu Kletterorganen umgebildeten Blättern, Blattstielen oder Sprossen ihre Kletterhilfe.
- **Schlinger** und **Winder,** z. B. Feuerbohne und Kapuzinerkresse, haben keine Kletterorgane. Sie winden einfach ihre Triebspitzen um die Kletterhilfe.
- **Selbstklimmer,** z. B. Efeu, brauchen keine Kletterhilfe, sie halten sich mit ihren Haftwurzeln am Untergrund fest.

1

Hinter Gittern
Rankgitter, die schon am Pflanzgefäß befestigt sind, geben vor allem einjährigen Kletterpflanzen den Weg nach oben vor. Für mehrjährige Kletterer ist dieses System nicht stabil genug.

2

Stützkorsett gefällig?
Die einfachste Form der Kletterhilfe für Pflanzen im Topf sind Bambusstäbe. Wenn die Pflanze größer wird, reicht dies allerdings nicht mehr aus – jetzt sind z. B. Metallpyramiden gefragt.

3

Seilakrobaten
Drahtseile, an denen sich Schlinger und Ranker in die von Ihnen gewünschte Richtung entlang hangeln, sind sehr filigran und edel. Ihre Haltbarkeit ist beinahe unbegrenzt.

Praktisch und preiswert

Die Auswahl an Kletterhilfen reicht vom einfachen Holz-, Bambus- oder Metallstab bis zum filigranen Edelstahlgerüst, von der Pyramide aus Bambusstäben bis zum kunstvollen Obelisk aus Schmiedeeisen.

- Am preiswertesten und am einfachsten installiert sind gespannte **Sisal**- oder **Metallseile** (→ Abb. 3). Haken oben, Haken unten, dazwischen das Seil spannen – fertig. Mit so einer Lösung sind Sie auch bezüglich der Breite, die begrünt werden soll, flexibel.
- **Baustahlmatten** sind ebenfalls eine einfache und preiswerte Lösung. Sie können die Matte als gesonderte Kletterhilfe verwenden oder aber integriert im Kasten (→ Abb. 1). Lassen Sie sich dazu die Matte im Bauhandel in Kastenlänge zuschneiden, formen Sie dann ein L, dessen kurze Seite so breit ist wie der Kasten. Stellen Sie die Matte in den Kasten und füllen Sie mit Substrat auf. Vorher können Sie die Matte auch noch in modischen, oder zur Pflanzung passenden Farben streichen.
- Wer nur etwas für den Topf sucht, der wählt **Bambusstäbe** (→ Abb. 2). Diese können ganz unterschiedlich verbunden werden: entweder kegelförmig oder aber wie ein Trapez mit waagerechten Verstärkungen.
- Auch aus Weidenruten lassen sich sehr schöne Kletterhilfen flechten, entweder als flächige mehr oder weniger blickdichte Matten oder locker gewebt in Pyramiden- oder Kegelform.

Ganz ohne Hilfe geht's nicht

Die jungen Triebe brauchen meist ein wenig Hilfestellung, um die Kletterhilfe zu finden.

- Wickeln Sie die Triebspitzen vorsichtig in Rankrichtung um die Rankhilfe. Ab jetzt finden sie ihren Weg allein.
- Haben Sie schon größere Kletterpflanzen gekauft, die bereits im Topf an kleinen Bambusstäben hinaufranken? In diesem Fall setzen Sie die Pflanzen samt Kletterhilfe schräg zur neuen Rankhilfe hin in das Gefäß. Der Übergang vom integrierten Bambusstäbchen im Verkaufstopf auf die neue Kletterhilfe hin sollte fließend sein. Helfen Sie auch hier den Triebspitzen, die richtige Richtung zu finden. Vorsichtig, damit nichts abbricht!

› PRAXIS

Mini-Wassergärten – klein, aber oho!

Mini-Teiche und kleine Wasserspiele verleihen Balkon und Terrasse eine ganz besondere Atmosphäre. Seerosen, Sumpfschwertlilien und Wasserhyazinthen machen das Glück perfekt.

Sie würden gerne den einzigartigen Zauber erleben, den Wasser entfaltet? Kein Problem! Es gibt vielerlei Varianten, die Faszination Wasser auf Balkon und Terrasse zu holen.

Kühles Nass im Fass

Es gibt nichts, was sich nicht auch als Gefäß für einen Mini-Teich eignet – es muss nur wasserdicht sein. Von einer Schale, in der nur eine Muschelblume Platz findet, über Metalleimer, Mörtelkübel und ausgediente Hydrokulturkästen bis hin zu größeren Zinkwannen mit Zwerg-Seerosen oder Sumpfschwertlilien – die Möglichkeiten sind groß.

- Das Gefäß sollte auf jeden Fall so beschaffen sein, dass es mehrere Liter Wasser aufnehmen kann und die Wasserfläche groß genug ist.
- Nicht wasserdichte Gefäße, z. B. Holzkübel oder -fässer, können Sie mit Teichfolie auskleiden und abdichten. Da die Gefäße ja nicht so groß sind, reicht eine 0,5 mm dicke Folie. Bemessen Sie die Folie üppig, und schlagen Sie das Gefäß locker aus – sie darf nicht nach unten ziehen. Drücken Sie nochmals fest auf die Folie am Boden, damit sie gut anliegt. Tackern Sie dann die Folie oben auf der Innenseite des Gefäßes fest oder kleben Sie sie mit einem doppelseitigen Klebeband an. Sitzt alles gut und fest? Dann Wasser marsch!
- Da Mini-Teiche im Winter ausgeräumt und die Pflanzen im Haus, zumindest aber außerhalb des Teiches überwintert werden (→ Seite 86/87), brauchen die Gefäße nicht frostsicher zu sein.
- Überprüfen Sie vor dem Aufstellen eines größeren Mini-Teiches unbedingt die Tragfähigkeit Ihres Balkons (→ Seite 27). Ein quadratisches Wasserbecken mit 50 cm langen Seiten und einer Höhe von 50 cm wiegt mit Wasser gefüllt etwa 125 Kilogramm!

Weniger ist mehr

Beschränken Sie sich beim Bepflanzen Ihres Mini-Wassergartens auf einige wenige Pflanzen, das wirkt viel besser. Sie wollen ja auch etwas von der Wasserfläche sehen.
Der einfachste Wassergarten besteht aus einem Suppenteller, in dem eine oder zwei Schwimmpflanzen auf der Wasseroberfläche schwimmen.
Der Inbegriff der Wasserpflanze ist die Seerose. Für den Mini-Teich eignen sich Seerosen, die nicht so groß sind und mit einer geringeren Wassertiefe (20–40 cm) auskommen.
Sehr beliebt sind auch Wasserlilien und andere Pflanzen der Flachwasserzone – ihnen reicht schon ein »Fußbad« (Wasserstand 10–40 cm).

1

Praktisch: der Gitterkorb
Setzen Sie Wasserpflanzen nicht direkt in den Mini-Teich, sondern zuerst in einen Gitterkorb. So lassen sie sich gut ins Wasser einsetzen und auch wieder herausholen.

Pflanzen und pflegen

- Da sich ein mit Wasser gefülltes Gefäß nur schwer bewegen lässt, sollten Sie den Mini-Teich gleich an seinem endgültigen Standort aufstellen und bepflanzen.
- Setzen Sie die Pflanzen, die Substrat benötigen (Seerosen, Flachwasserpflanzen), nicht direkt in den Mini-Teich, sondern in einen Pflanzkorb (→ Abb. 1). Den können Sie dann gezielt ins Gefäß stellen: direkt auf den Boden, erhöht auf Ziegelsteinen oder an den Gefäßrand gehängt – je nachdem, welche Wassertiefe die eingesetzte Pflanze benötigt (→ Seite 117).
- Verwenden Sie als Substrat Teicherde, bei Seerosen spezielles Seerosen-Substrat.
- Stehen die Körbe an der richtigen Stelle, dann können Sie vorsichtig Wasser einfüllen. Lassen Sie das Wasser am besten langsam am Gefäßrand herunterlaufen. So wird kein Substrat aufgewirbelt und die Körbe bleiben am vorgesehenen Platz.
- Der Mini-Teich soll nicht in der prallen Sonne stehen, sonst erwärmt sich die geringe Wassermenge zu stark – und dann wuchern bald Algen.
- Kontrollieren Sie vor allem an heißen Tagen den Wasserstand. Das Auffüllwasser sollte annähernd die Temperatur des Teichwassers haben.
- Entfernen Sie regelmäßig welke Pflanzenteile, damit sie nicht im Wasser verrotten – das fördert die Algenbildung!

MINI-WASSERGARTEN IM KÜBEL

J	F	M	A	M	J	J	A	S	O	N	D

Zeitbedarf:

30–40 Min.

Material:

- Wasserbehältnis
- engmaschiger Gitterkorb
- Teicherde oder Seerosensubstrat
- Kieselsteine

Werkzeug, Zubehör:

- kleine Pflanzschaufel
- Schere zum Abschneiden welker Pflanzenteile
- Wasserschlauch

Nichts geht durch die Maschen
Verwenden Sie einen engmaschigen Gitterkorb, durch den das Pflanzsubstrat nicht durchrieselt. Schneiden Sie beschädigte Pflanzenteile ab. Setzen Sie die Pflanze in die Mitte des Korbes und füllen Sie mit Teicherde auf.

Kieselsteine – schön und schwer
Wenn die Pflanze fest im Korb sitzt, braucht das Substrat noch eine Abdeckung, damit es nicht aufschwemmt. Decken Sie die Substratoberfläche mit einer ca. 2 cm dicken Schicht aus Kieselsteinen ab, das ist schwer genug.

Der Korb im Kübel
Wässern Sie den Korb durchdringend, damit sich das Pflanzsubstrat gut um die Pflanze herum verteilt und absetzt. Jetzt können Sie den Korb einsetzen: entweder direkt auf den Boden oder erhöht auf einer Kiesschicht.

› FRAGE & ANTWORT

Expertentipps rund ums Pflanzen

Pflanzen Sie, was das Herz begehrt, und sorgen Sie für beste Startbedingungen. Das beginnt mit der Pflanzenauswahl und setzt sich fort über die passenden Gefäße und das richtige Pflanzsubstrat bis hin zum sorgfältigen Einpflanzen der Balkonblumen in Töpfe, Kästen und Ampeln.

? Pflanzschaufel, kleine Hacke und Schere gehören zur Grundausrüstung des Balkongärtners. Die Preise differieren je nach Material erheblich. Wie erkenne ich gute Qualität, und wo kann ich sparen?

Bei den Werkzeugen spielt das Material eine eher unwichtige Rolle. Ob Sie eine Billigvariante aus dem Baumarkt oder hochwertiges, englisches Gartengerät benutzen bleibt allein Ihrem ästhetischen Anspruch überlassen. Viel wichtiger als das Material ist, dass die Geräte gut in der Hand liegen. Wer im Frühjahr einen kompletten Balkon bepflanzt, kann dafür einige Stunden brauchen. Um keine Schmerzen im Handgelenk zu bekommen, ist eine leichte, ergonomisch geformte Schaufel sinnvoll.
Bei den Scheren spielt vor allem die Verarbeitung und die Leichtläufigkeit der Klingen eine entscheidende Rolle. Achten Sie auch darauf, dass sich die Gartenschere gut zerlegen lässt. Das ist wichtig, um sie intensiv reinigen zu können, die Klingen nachzuschleifen und die Gelenke neu zu fetten. Hier lohnt es sich durchaus, tiefer in den Geldbeutel zu greifen. Auf Dauer macht sich eine gute Gartenschere immer bezahlt!

? Es gibt ja verschiedene Materialien, die sich als Drainage im Balkonkasten oder im Topf eignen. Welches Material ist denn das beste?

Im Prinzip erfüllen alle Drainagematerialien – ob Sand, Kies, Blähton, Tonscherben, Katzenstreu oder Styroporkügelchen – ihren Zweck vollkommen. Für Pflanzgefäße, die öfter hin- und herbewegt oder die zum Überwintern ins Haus getragen werden, empfehle ich Ihnen, auf leichte Materialien wie Styropor oder Blähton zurückzugreifen.
Stehen die Pflanzen an windexponierten Stellen oder handelt es sich um sehr hohe Pflanzen in schmalen Kübeln, die dem Wind wenig Gegenwehr bringen, macht es Sinn, die Töpfe mit einem schwereren Drainagematerial wie Kies oder Tonscherben zu versehen, damit sie auch bei Wind sicherer stehen bleiben.

? Wir haben mehrere Wasser gefüllte Gefäße als Mini-Teiche auf dem Balkon. Können wir in ein Gefäß auch ein Wasserspiel integrieren oder reicht der Wasserstand dafür nicht aus?

Natürlich geht das. Um eine Pumpe und damit ein Wasserspiel im Kübel zu betreiben, reichen schon ca. 15 cm Wassertiefe aus. Erkundigen Sie sich im Fachhandel, welche Pumpen für wie viel Wassermenge und welchen Wasserstand am besten geeignet sind. Ich empfehle Ihnen eine Pumpe mit eingebautem Filter. Die feinen Düsen des Wasserspiels verstopfen sonst schnell durch feine Schmutzpartikel. Achten Sie auf einen gleichmäßig hohen Wasserstand. Gerade in kleinen Gefäßen verdunstet das Wasser an heißen Tagen schnell. Wenn die Pumpe trocken läuft, geht sie kaputt. Denken Sie bei der Bepflanzung des Mini-Teiches daran: Seerosen vertragen kein bewegtes Wasser, Schwertlilien dagegen stört das überhaupt nicht.

? Ich habe einen schönen Kräutertopf mit seitlichen Pflanztaschen geschenkt bekommen. Wie bepflanze ich so einen Topf richtig und welche Kräuter eignen sich?

Sie können eigentlich alle nicht zu groß werdenden Kräuter mit den gleichen Ansprüchen an Licht, Wasser und Nährstoffen einpflanzen. Am schönsten sieht so ein Kräutertopf aus, wenn möglichst viele unterschiedliche Kräuter darin wachsen. Setzen Sie seitlich eher hängende oder kriechend wachsende Arten ein, oben drauf buschige. Wählen Sie nach Möglichkeit entweder nur ein- oder nur mehrjährige Kräuter aus. Das erleichtert das Überwintern: Entweder alles kommt im Herbst auf den Kompost oder der Topf bleibt den Winter über komplett bepflanzt draußen.

Ein »Kern« aus Kies in der Mitte das Pflanztopfes sorgt dafür, dass die Pflanzen auf allen Ebenen gleichmäßig Wasser bekommen.

- Stellen Sie dazu ein Stück Kunststoffrohr (Durchmesser ca. 5–8 cm und fast so hoch wie der Topf) in die Mitte des Topfes über das Abzugsloch.
- Füllen Sie den Topf rundum bis zu den ersten seitlichen Pflanzlöchern mit Substrat auf.
- Schieben Sie die Pflanzen vorsichtig von innen durch die Öffnung und drücken Sie das Substrat um den Wurzelballen fest.
- Machen Sie so weiter, bis Sie oben angekommen sind.
- Bevor Sie nun die obere Ebene bepflanzen, füllen Sie Kies in das Kunststoff-Rohr und ziehen es dann vorsichtig heraus. Jetzt haben Sie auf einfache Weise einen guten Drainagekern angelegt!

? Ich habe vom letzten Jahr noch Balkonblumenerde übrig. Kann ich die alte Erde noch irgendwie verwenden oder muss ich sie wegwerfen?

In Pflanzgefäßen wird das Substrat schnell verbraucht und ausgezehrt. Die Nährstoffe werden in der Regel aufgebraucht, und die auflockernden Bestandteile zersetzen sich im Laufe der Zeit, die Erde wird klumpig. Oftmals ist das Substrat auch so stark von Wurzeln durchzogen, dass kaum noch »echte« Erde übrig ist. Ist das der Fall, dann können Sie das Substrat nur noch auf den Kompost werfen. Ist die Erde aber noch locker, dann können Sie sie so wie sie ist ohne weiteres zumindest für die kurze Saison der Frühjahrsblüher oder genügsame Pflanzen verwenden.

Nicht verwendete, übrige Erde, die Sie in einem geschlossenen Sack aufbewahrt haben, können Sie unbedenklich verwenden.

? Es wird immer wieder von gutem und schlechtem Pflanzsubstrat geredet. Woran erkenne ich eigentlich eine »gute« Erde? Nur am hohen Preis?

Hochwertige Erden sind strukturstabil (→ Seite 36/37), nährstoffreich und nehmen Wasser gut auf. Machen Sie den Drucktest: Nehmen Sie eine Handvoll Erde aus dem Sack und drücken Sie sie fest zusammen. Wenn Sie jetzt den Griff lockern, fällt gute Erde wieder leicht auseinander, schlechte bleibt klumpig.

Oder machen Sie den Trockentest. Füllen Sie einen Blumentopf mit Erde und lassen Sie ihn dann gut austrocknen. Schlechte Erde zieht sich stark zusammen. Es entstehen breite Risse an den Topfrändern, die das Gießen erheblich erschweren, da zunächst die größte Menge des Gießwassers zwischen Topfrand und Erde durchläuft, bevor sich die Erde überhaupt vollsaugt.

? Wir haben im Garten einen großen Komposthaufen. Können wir das Substrat für unsere Balkonblumen aus Gartenerde und Kompost nicht selbst zusammenmischen?

Im Prinzip können Sie das Substrat für Ihre Balkonblumen selbst herstellen, wenn Ihnen eine gute Gartenerde und ausgereifter Kompost zur Verfügung stehen. Sie brauchen dazu noch Torf und sauberen Sand. Mischen Sie 3 Teile Gartenerde, 3 Teile gut ausgereiften Kompost und je 2 Teile Torf und Sand. Allerdings sind in der Gartenerde, wenn sie nicht sterilisiert wurde, Unkrautsamen und auch Krankheitserreger vorhanden. Ich rate Ihnen, auf die käufliche Balkonblumenerde zurückzugreifen und den Kompost für Ihre Gartenblumen zu verwenden. Sie sparen sich viel Arbeit mit dem Mischen und haben ein absolut keimfreies Substrat.

Das tut den Pflanzen gut

Kästen, Töpfe und Ampeln sind mit den schönsten Pflanzen bestückt. Mit hochwertigem Substrat haben Sie ihnen die besten Voraussetzungen geboten. Jetzt kommt es auf die richtige Pflege an, wie gut sich die Blütenpracht weiterentwickelt.

Das A und O für ein gutes Gedeihen Ihrer Balkonblumen, von Obst, Gemüse und Kräutern auf Balkon und Terrasse ist ein wachsames Auge. Haben die Pflanzen ausreichend Wasser? Muss nachgedüngt werden? Sind welke Blätter und Blüten zu entfernen? Haben sich Schädlinge eingefunden?

Lebenselexier Wasser

Der lang ersehnte Sommer ist endlich da! Das bedeutet Licht und Wärme für die Balkonpflanzen – sorgfältiges Gießen für den Balkongärtner. Die Wasseransprüche der einzelnen Arten sind ganz unterschiedlich (→ Porträtteil). Pflanzen mit großflächigen, dünnen Blättern z. B. verdunsten mehr Wasser als klein- und dickblättrige. Auch erhitzte Gefäße entziehen dem Substrat Feuchtigkeit. Jetzt ist eine regelmäßige Kontrolle der Substratfeuchte auf alle Fälle angesagt. Machen Sie mindestens einmal am Tag die »Fingerprobe« (→ Seite 52) – bei besonders heißem Wetter auch zweimal täglich.

Für Nährstoffe sorgen

Nach spätestens sechs Wochen sind die Nährstoffreserven der meisten Pflanzsubstrate erschöpft. Die Pflanzen brauchen unbedingt Nachschub. Jetzt setzen immer mehr Blütenknospen an, Blätter entwickeln sich, die Triebe wachsen in die Länge oder verzweigen sich – das kostet Kraft. Beachten Sie, dass die notwendige Pflanzennahrung individuell ganz verschieden ist (→ Porträtteil).

Das Auge des Herrn ...

Werfen Sie jeden Tag einen kurzen Blick auf Ihre Pflanzen, und lernen Sie ihre Bedürfnisse kennen. Manche Pflanzen reagieren besonders empfindlich auf das Klima. Sie benötigen einen Regen-, Wind- oder Sonnenschutz (→ Porträtteil). Manche Pflanzen verblühen relativ schnell. Sie setzen aber immer wieder neue Knospen an, wenn Sie das Verblühte regelmäßig entfernen. Wieder andere können Sie mit einem kräftigen Rückschnitt zu einer üppigen Nachblüte anregen.

Sie brauchen keinen »Grünen Daumen«, damit Ihre Pflanzen blühen und gedeihen – regelmäßige Pflege ist ebenso gut.

PRAXIS

Belebendes Nass für durstige Pflanzen

Eine optimale Wasserversorgung ist der Garant für gutes Wachstum. Nicht alle Pflanzen haben die gleichen Bedürfnisse – da gilt es, den Blick zu schulen und das richtige Gespür zu bekommen.

Gießen gehört zur täglichen Pflege auf Balkon und Terrasse. Wie viel und wie oft Sie gießen müssen, ist abhängig von Ihrer Pflanzenauswahl, dem Standort, der Gefäßgröße und der jeweiligen Witterung.

Das ideale Gießwasser

Die meisten Pflanzen mögen nicht zu kaltes und nicht zu hartes Wasser. Ideal zum Gießen ist abgestandenes Regenwasser. Es ist »weich« und von der Sonne erwärmt. Glücklich, wer eine Regentonne sein eigen nennt. Die meisten Balkongärtner werden jedoch auf Leitungswasser zurückgreifen müssen.

Was ist Wasserhärte?

Der Härtegrad des Wassers wird durch seinen Gehalt an Kalzium- und Magnesiumsalzen bestimmt. Die Maßeinheit hierfür sind die Deutschen Härtegrade (°dH).

Weiches Wasser hat eine Härte von 4–8 °dH, mittelhartes von 9–17 °dH und hartes Wasser von 18–30 °dH. Zum Gießen am besten geeignet ist mittelhartes Wasser. Die Härte Ihres Leitungswassers können Sie bei Ihrem zuständigen Wasserwerk erfragen.

- Azalee, Rhododendron, Erika und Hortensie vertragen überhaupt kein hartes Wasser. Ist Ihr Leitungswasser zu hart, dann verzichten Sie entweder auf diese kalkempfindlichen Pflanzen oder entkalken Sie das Gießwasser durch Abkochen oder mit Hilfe so genannter Ionenaustauscher.
- Füllen Sie auf jeden Fall gleich nach dem Gießen die Kannen wieder mit Wasser. In abgestandenem Wasser setzt sich der Kalk unten ab. Zudem ist das Wasser beim nächsten Gießen schon etwas vorgewärmt – die Pflanzen erleiden dann keinen »Kälteschock«.

Das ABC des Gießens

Beim Gießen gibt es einige Grundregeln zu beachten:

- Viel Wasser brauchen die Pflanzen in der Hauptwachstumszeit (also im Sommer), an sonnigen und windigen Standorten und bei großer Hitze.
- Im Frühjahr und Herbst, an schattigen, windgeschützten Stellen und an kühlen, regnerischen Tagen wird weniger Wasser benötigt.
- Je kleiner das Pflanzgefäß und je geringer die Substratmenge, desto häufiger müssen Sie gießen.

Praxisinfo

GIESSEN MIT FINGERSPITZENGEFÜHL

Wenn Sie vor dem Gießen zunächst den Feuchtigkeitsgehalt des Substrats im Pflanzgefäß »erfühlen«, können Sie nichts falsch machen:

- Drücken Sie einen Finger oder den Daumen sachte auf die Substratoberfläche. Fühlt sich die Erde trocken und krümelig an? Dann brauchen die meisten Pflanzen wieder Wasser.
- Ist das Substrat noch feucht? Bleibt es sogar am Finger kleben? Dann können Sie mit dem Gießen noch warten.

- Die besten Zeiten zum Gießen sind die frühen Morgen- und späten Abendstunden, wenn die Wurzeln noch nicht beziehungsweise nicht mehr erhitzt sind.
- Sind besonders hohe Tagestemperaturen vorhergesagt, dann gießen Sie gleich morgens, damit die Pflanzen in der Hitze der Mittagssonne nicht austrocknen.
- Wässern Sie lieber ausgiebig und dafür weniger oft – das fördert die Wurzelbildung und unterstützt deren Wasseraufnahme.
- Gießen Sie in Etappen. Zu viel Wasser auf einmal fließt meist ungenutzt davon.
- Gießen Sie mit einem feinen Strahl direkt auf die Substratoberfläche. Wassertropfen auf den Blättern wirken in der Sonne wie Brenngläser! An besonders heißen Tagen können Sie die Pflanzen abends übersprühen. Bis zum Morgen sind sie dann wieder abgetrocknet.
- Entfernen Sie überschüssiges Gießwasser in Übertöpfen und Untersetzern möglichst rasch. Die meisten Pflanzen mögen keine nassen Füße.

Gießkanne oder Gartenschlauch?

Glücklich kann sich schätzen, wer einen Wasseranschluss auf dem Balkon hat – bei der Terrasse dürfte das die Regel sein. Die Wege zum »Wasserfassen« sind kürzer, und statt einer Gießkanne bietet sich der Anschluss eines Wasserschlauchs

1

Gießen mit der Gießkanne
Wenn Sie eine Gießkanne verwenden, dann kann das Gießwasser darin gut abstehen und sich erwärmen. Ein langer Gießhals sorgt dafür, dass das Wasser direkt an den Wurzelhals gelangt.

2

Wasser in Reserve
In den Topf gesteckte Tonfiguren enthalten einen Wasservorrat für 1–2 Tage. Je nach Bedarf der Pflanzen gibt der Ton das Wasser langsam an die Erde ab.

3

Praktisch: der Gießstab
Ein Gießstab macht das Bewässern von Wand- und Deckenampeln ohne akrobatische Verrenkungen möglich. Sie brauchen allerdings einen Wasseranschluss in der Nähe.

an. Moderne Schlauchsysteme rollen sich von selbst wieder spiralförmig nach Gebrauch auf – es gibt keine Knoten mehr –, und mit einer Handbrause ist das Gießen schnell erledigt. Nachteil: Das Gießwasser ist nicht abgestanden und hat Leitungstemperatur. An besonders heißen Tagen wird es manchmal notwendig, im Laufe des Tages nachzugießen. Für diese Fälle sollte eine gefüllte Gießkanne griffbereit dastehen.

Wasser auf Vorrat

Sie können die Gießintervalle vergrößern und auch im Sommer einmal 1–2 Tage verreisen, wenn Sie Gießhilfen einsetzen.

- **Durstkugeln** (→ Abb. 4) feuchten das Pflanzsubstrat gleichmäßig an. Testen Sie aus, wie lange der Vorrat reicht und wie viele Kugeln Sie pro Gefäß benötigen, damit das Substrat auch an heißen Tagen gut angefeuchtet ist. Billiger, aber genauso effektiv sind mit Wasser gefüllte Trinkflaschen. Eine 1-Liter-Flasche reicht in der Regel aus, um einen Tontopf mit 25 cm Durchmesser übers Wochenende ausreichend feucht zu halten.
- **Speicher-** oder **Bewässerungsmatten** (→ Abb. 5) bestehen aus einem Vlies ähnlichen Material, das ein Vielfaches seines Volumens an Wasser aufnehmen und speichern kann. In dem Maß, wie das Pflanzsubstrat austrocknet, geben sie Feuchtigkeit ab. Sie werden in Kastengröße oder zum selbst Zuschneiden verkauft und können in allen Gefäßen eingesetzt werden. Die Gefäße brauchen auch mit Speichermatte Abzugslöcher, denn das Wasser, das die Matten nicht mehr aufnehmen, sollte abfließen können. Die Bewässerungsmatten eignen sich nicht nur als Wasserspeicher, sie sind auch ein gutes Drainagematerial.
- **Wasserspeichergefäße** (→ Abb. 6) haben einen doppelten Boden, der von der Seite über einen Einfüllstutzen mit Wasser gefüllt wird. Der Wasserspeicher umfasst mehrere Liter Wasser und ist mit einer perforierten Platte abgedeckt. Die Wurzeln saugen durch das Gitter von unten Wasser an. Ein Wasserstandsanzeiger im Einfüllstutzen gibt an, wann der Vorrat zur Neige geht und wieder aufgefüllt werden sollte.
- **Wasser speicherndes Gel** (→ Abb. 7) reduziert die Gießarbeit um die Hälfte. Es quillt bei Kontakt mit Wasser auf und gibt die aufgenommene Feuchtigkeit nach und nach wieder ab. Das kristallförmige Substrat kann 5–6 Jahre verwendet werden, danach zerfällt es umweltfreundlich in Wasser und Stickstoff.

Gießen mit System

Automatische Gießsysteme sind das Zauberwort für alle Balkongärtner, die während der Freiluftsaison über längere Zeit wegfahren oder die berufstätig sind und wenig Zeit fürs Gießen haben. Das Ge-

4 **Geben Sie die Kugel**
Durstkugeln aus farbigem Glas sind Wasserspeicher und Zierde zugleich. Füllen Sie die Kugeln mit Wasser und stecken Sie sie kopfüber in das Pflanzsubstrat. Sie dürfen nicht auf dem Gefäßboden aufstehen.

5 **Legen Sie Matten ein**
Für Blumenampeln bieten sich Speichermatten besonders an. Sie brauchen dann nur noch alle 2–3 Tage auf die Leiter zu klettern, um die hoch hängenden Gefäße mit Wasser zu versorgen.

heimnis der automatischen Bewässerung liegt in der richtig dosierten und bedarfsgerechten Steuerung.

- Einfach Bewässerungssysteme arbeiten mit Quellhölzern oder Tonkegeln (→ Abb. 8), die auf trockenen bzw. feuchten Boden reagieren und die Wasserzufuhr regulieren. Bei der **Tonkegel-Bewässerungstechnik** werden Tonkegel ins Substrat gesteckt, die mit dünnen Schläuchen verbunden sind. Der Tonkegel reagiert auf den Feuchtigkeitsgehalt des Substrats. Ist das Substrat trocken, dann löst der Kegel per Saugkraft den Bewässerungsvorgang aus. Wasser strömt durch die Schläuche und versorgt jede Pflanze ganz individuell tröpfchenweise mit Wasser. Ist das Substrat ausreichend feucht, beenden die Tonkegel von sich aus die Wasserabgabe. Das System können Sie an den Wasserhahn oder einen größeren Wassertank anschließen. Ziehen Sie für die Installation notfalls einen Fachmann zu Rate bzw. erkundigen Sie sich beim Kauf im Gartencenter genau nach der Funktionsweise und der Verlegung. Kontrollieren Sie das installierte System regelmäßig auf seine Funktionstüchtigkeit. Verstopfte Schläuche führen schnell dazu, dass die Pflanzen nicht mehr ausreichend mit Wasser versorgt sind.
- Die **vollautomatische Blumenkastenbewässerung** reicht für 5–6 Blumenkästen. Die Wasserversorgung erfolgt unabhängig vom Wasserhahn aus einem Vorratsbehälter mit Pumpe. Sie können unter verschiedenen Bewässerungsprogrammen wählen. So genannte Reihentropfer geben dann das Wasser dosiert an die Pflanzen ab. Eine genaue pflanzenabhängige Dosierung ist allerdings nicht möglich.
- Noch komfortabler, allerdings auch recht teuer, sind **computergesteuerte Bewässerungssysteme.** Über einen Bewässerungscomputer sind die Zuleitungen zu den einzelnen Pflanzgefäßen am Wasserhahn angeschlossen. Es können beliebig viele Gefäße bewässert werden. Einmal eingestellt, arbeitet die Anlage ganz ohne Ihr Zutun. Schauen Sie trotzdem immer wieder einmal nach.

6

Gefäße mit doppeltem Boden
Füllen Sie den Wasserspeicher über den Einfüllstutzen mit abgestandenem Leitungswasser, bis der Wasserstandsanzeiger auf Maximum steht. Beobachten Sie, wie lange eine Füllung reicht, bevor Sie mehrere Tage verreisen.

7

Wasser speicherndes Gel
Am besten mischen Sie das Speichergel in trockenem oder vorgequollenem Zustand gleich beim Pflanzen dem Substrat bei. 1 Teelöffel trockenes Gel ist ausreichend für einen Pflanztopf von 30 cm Durchmesser.

8

Die Dauerlösung: Tonkegel
Stecken Sie die Tonkegel möglichst neben den Pflanzen in das Substrat. Der Tonkegel fordert über den angeschlossenen Schlauch Feuchtigkeit an, sobald er abtrocknet. Die Pflanze ist also immer mit Wasser versorgt.

Blütenpracht wahr gemacht – richtig düngen

Kräftig wachsende Balkonblumen und nicht nachlassende Blütenfülle – das ist möglich. Sie brauchen Ihre Pflanzen nur regelmäßig und richtig dosiert mit Nährstoffen zu versorgen.

Ohne Nährstoffe lässt die Pracht Ihrer Balkonblumen sehr bald nach – Licht, Luft und Wasser allein reichen nicht aus für einen üppigen Blütenflor. Spätestens nach fünf Wochen ist der Nährstoffvorrat im Pflanzsubstrat aufgebraucht. Ihre Balkonblumen brauchen ab jetzt regelmäßig Nachschub. Das gilt vor allem für Pflanzen, die viel Nährstoff brauchen wie Geranien und Zweizahn.

Wovon Pflanzen leben

Generell unterscheidet man Hauptnährstoffe, die zum Gedeihen der Pflanzen in ausreichender Menge unerlässlich sind, und Spurenelemente, die sie zwar auch, aber nur in geringen Mengen benötigen. Die wichtigsten Nährstoffe sind Stickstoff (N), Phosphor (P) und Kalium (K).

- **Stickstoff** kurbelt das Wachstum an und ist für die Bildung von Trieben, Blättern und Wurzeln zuständig. Reine Blattpflanzen wie Buntnessel oder Harfenstrauch brauchen besonders viel Stickstoff.
- **Phosphor** sorgt vor allem für den Blüten- und Fruchtansatz. Er ist besonders wichtig für Blütenpflanzen.
- **Kalium** festigt das Pflanzengewebe, fördert den Triebabschluss und erhöht die Widerstandskraft gegen Schädlinge. Kalium betonte Dünger werden ab August verstärkt eingesetzt. Gut ausgereiften Trieben können Frost und Kälte weniger anhaben.
- Zu den weniger wichtigen Nährstoffen und **Spurenelementen** zählen Magnesium, Kalzium, Eisen, Mangan und Zink. Auch wenn die Pflanze diese Elemente nur in »Spuren« benötigt, leisten sie doch einen wichtigen Beitrag zum Wachstum. Ihr Fehlen kann zu mehr oder weniger starken Mangelerscheinungen führen (→ Praxisinfo und Seite 67).

Mit Flüssigdünger lässt sich am einfachsten düngen – er kommt einfach ins Gießwasser.

Volldünger – die richtige Wahl

Zur Versorgung der Balkonblumen genügt in der Regel ein Volldünger. Er enthält die drei

Arbeiten Sie Langzeitdünger vorsichtig in das Substrat ein. Die Wirkungsdauer beträgt zwei bis drei Monate.

wichtigsten Pflanzennährstoffe und die notwendigen Spurenelemente. Die Menge der drei Hauptnährstoffe ist wie bei den Pflanzsubstraten (→ Seite 36) im NPK-Verhältnis angegeben.

▪ Bei **mineralischen Volldüngern** (chemische Dünger) sind die Nährstoffe an chemische Salze gebunden, so dass sie schnell und direkt von den Pflanzen aufgenommen werden können. Nachteil: In kleinen Pflanzgefäßen kann das Substrat schnell versalzen.

▪ Bei **organischen Volldüngern** (z. B. Hornspäne oder Guano) müssen die Nährstoffe erst durch die Mikroorganismen im Boden aufgeschlossen werden. Nachteil: Die Düngewirkung setzt also erst später ein. Vorteil: Organische Dünger fördern die Bodenflora und eignen sich ganz besonders für Dauerbepflanzugen.

Düngerformen

Dünger gibt es in flüssiger, pulverisierter oder fester Form.

▪ **Fester Dünger** wie Düngestäbchen oder -drops werden einfach zwischen Gefäßrand und Pflanze in die Erde gesteckt. Sie geben ihre Nährstoffe über zwei bis drei Monate an das Substrat ab.

▪ **Pulverisierter und flüssiger Dünger** wird im Gießwasser aufgelöst. Die Nährstoffe stehen den Pflanzen sofort zur Verfügung, sind aber auch schnell wieder aufgebraucht. Vor allem bei Anzeichen von Mangelerscheinungen ist Flüssigdünger zu empfehlen.

▪ **Langzeitdünger** ist von Harzhüllen umschlossen, die sich in der Regel in Abhängigkeit von Temperatur und Feuchtigkeit langsam auflösen. Es gibt sie portioniert als Kegel oder lose zum Streuen oder Untermischen.

Wichtige Düngetipps

▪ Halten Sie sich auf jeden Fall an die angegebenen Dosierungen auf der Düngerpackung.

▪ Düngen Sie lieber öfter und niedriger dosiert als selten und hoch dosiert – so verteilt sich das Nährstoffangebot besser.

▪ Düngen Sie nie auf trockenes Substrat, das führt leicht zu Wurzelverbrennungen.

▪ Gießen Sie Flüssigdünger direkt ins Substrat, nie auf die Pflanzen.

▪ Düngen Sie winterharte Balkonblumen ab August nicht mehr, damit die Triebe bis zum Herbst gut ausreifen können.

▪ Einige Balkonblumen, z. B. Hortensien, Azaleen und Rosen (→ Porträtteil), benötigen einen Spezialdünger.

Praxisinfo

TYPISCHE SYMPTOME BEI NÄHRSTOFFMANGEL

- **Stickstoff-Mangel:** gelbe Blätter, Kümmerwuchs
- **Phosphor-Mangel:** wenig bis kein Blütenansatz
- **Kalium-Mangel:** absterbende Teile an den älteren Blättern, reduzierter Blütenansatz
- **Kalzium-Mangel:** Aufhellungen an jüngeren Blättern, braune Adern auf Blattunter- und -oberseite
- **Eisen-Mangel:** Blätter hellen auf, die Blattadern bleiben aber grün (Chlorose)

PRAXIS

Geputzt und geschnitten – rundum in Top-Form

Andauernde reiche Blüte und ein Aussehen wie gemalt – das erreichen Sie mit liebevoller Pflege, regelmäßigem Ausputzen, Zurückschneiden, Anbinden und Aufleiten.

Wenn Sie täglich eine halbe Stunde in die Pflege Ihrer Balkonblumen investieren, beschädigte Blätter und welke Blüten entfernen, herabhängende Triebe und schwere Blütenköpfe aufbinden oder unschön wachsende Pflanzen wieder in Form schneiden, werden Sie nicht nur makellose Blütenfreuden haben. Sie werden sehen, dass der tägliche Umgang mit Ihren Pflanzen Freude macht, Stress abbaut und Entspannung bringt.

Kraft für neuen Flor

Balkonblumen, die eine ganze Saison über Höchstleistungen erbringen und mit üppiger Blütenpracht aufwarten, brauchen besondere Zuwendung, damit sie ihre natürliche Wuchsform erhalten und immer wieder Blüten ansetzen.

Verblühtes entfernen

Das tägliche Ausputzen welker Blüten dient nicht nur ästhetischen Zwecken. Welke oder beschädigte Blüten bieten außerdem einen guten Nährboden für unerwünschte Pilze. Außerdem steckt die Pflanze jetzt ihre Energie nicht in die Ausbildung von Samen (→ Abb. 2), sondern in die laufende Entwicklung neuer Blüten. Der Aufwand ist je nach Pflanzenart verschieden. Manche Pflanzen, z. B. Schneeflockenblume oder Fächerblume, werden auch als selbstreinigend bezeichnet, d. h., verwelkte Blüten oder Blütenstände fallen von selbst ab.

- Bei anhaltender Feuchtigkeit neigen vor allem gefüllte Blüten oder Blüten mit dünnen Blütenblättern sehr leicht zum Faulen und zur Schimmelbildung. Sie vermeiden Pilzbefall, wenn Sie die durchnässten Blüten oder Blütenblätter schnellstens entfernen.
- Bei vielen Pflanzen, z. B. Fleißigen Lieschen, Mittagsblumen oder Petunien, können Sie die welken Blüten einfach mit den Fingernägeln abkneifen oder auszupfen.
- Bei Pflanzen, deren einzelne Blüten an einem langen Stängel sitzen, z. B. Margeriten, schneiden Sie den Blütenstängel bis zu den Blättern hinunter ab.
- Kompakte Blütenstände wie die des Ziersalbeis oder der Vanilleblume sollten Sie entfernen, sobald ein Großteil des Blütenstandes verblüht ist. Schneiden Sie den Stängel bis zur nächsten Verzweigungsstelle an der Pflanze ab.
- Die kräftigen Blütenstängel der Pelargonien können Sie entgegen ihrer Wuchsrichtung

Checkliste

WAS VOR DEM URLAUB ZU TUN IST

Machen Sie es Ihrer »Urlaubsvertretung« möglichst leicht:

- ✔ Gießen Sie nochmals durchdringend, und entfernen Sie dann überstehendes Wasser in Untersetzer und Übertopf.
- ✔ Düngen Sie alle Pflanzen schwach dosiert.
- ✔ Schneiden Sie Verblühtes und bereits über das Knospenstadium hinaus reichende Blüten ab.
- ✔ Entfernen Sie alle welken und gelben Blätter.
- ✔ Prüfen Sie, ob alle Gefäße standfest untergebracht sind.

ausbrechen. Das geht bei stehenden Pelargonien ganz leicht, denn sie sind an dieser Stelle besonders verdickt (→ Abb. 1). Bei Hängepelargonien sollten Sie mit einer Hand den gesamten Trieb festhalten, mit der anderen den welken Blütenstand ausbrechen – sonst bricht mehr ab, als nötig.

- Lassen Sie möglichst keine »Stummel« an der Pflanze stehen. Diese faulen und können Herd für Krankheiten und Schädlinge sein. Eine Ausnahme bildet die Fuchsie: Stielstummel fallen nach einiger Zeit von selbst ab.

Rückschnitt hält fit

Die Margeritensträucher im Kasten setzen kaum mehr neue Blüten an, der üppig blühende Zweizahn trägt nur noch an den Spitzen der Triebe Blüten, die Petunien bekommen zwar lange Triebe, die Blütenfülle aber nimmt ab. Was tun? Greifen Sie beherzt zur Schere, und schneiden Sie die Pflanzen kräftig zurück. Sie werden erstaunt sein, wie schnell sich neue Knospen bilden. Verwenden Sie eine scharfe Schere.

- Bei **Margeriten,** die im Hochsommer gerne eine Blühpause einlegen, fördern Sie die Nachblüte, indem Sie die ganze Pflanze rigoros um etwa ein Drittel zurückschneiden (→ Abb. 3).
- Auch **Elfenspiegel, Elfensporn** und **Zweizahn** vertragen einen starken Rückschnitt. Schneiden Sie soweit zurück, dass die Pflanzen insgesamt wieder eine buschige Form

1

Die Blühleistung steigern
Das regelmäßige Entfernen welker Blüten bzw. Blütenstände sorgt für schönes Aussehen und kontinuierlichen Blütenflor, verhindert aber auch einen Befall mit Pilzkrankheiten.

2

Energieverbrauch senken
Manche Balkonblumen bilden relativ schnell nach dem Verblühen Samen aus. Samenbildung kostet die Pflanze jedoch unnötig Kraft. Knipsen Sie daher schon leicht welkende Blüten ab.

3

Nachblüte anregen
Bei Strauchmargeriten und anderen Balkonblumen sorgt ein kräftiger Rückschnitt nach dem ersten Flor im Juni/Juli für eine schöne zweite Blühsaison.

4

Für guten Halt sorgen
Große Blüten brauchen aber einen festen Halt. Binden Sie deshalb die Pflanze vorsichtig mit einer Schlaufe in Form einer Acht an einem stützenden Stab fest.

annehmen. Innerhalb von zwei bis vier Wochen entwickelt sich ein neuer, kräftiger Blütenflor.

- **Petunien** lassen in ihrer Blüte Ende Juli bis Anfang August stark nach. Sie werden langtriebig und fallen stark auseinander. Kürzen Sie die Pflanzen um die Hälfte ein. Innerhalb von zwei Wochen treiben sie von unten wieder kräftig aus und blühen so üppig wie zuvor.
- Wenn Sie beim **Kapkörbchen** die verblühten Stiele ganz zurückschneiden, dann bilden sich an der Schnittstelle Verzweigungen, an deren Enden neue Blüten ansetzen.
- Auch bei **Männertreu** und **Duftsteinrich** regt nach der Hauptblüte ein Rückschnitt um etwa ein Drittel eine schöne Nachblüte an.

Wichtig nach dem Rückschnitt ist eine sofortige Düngung mit flüssigem Volldünger und eine konstant feuchte Erde, damit die frischen Triebe gut gedeihen. Bei Nährstoffmangel entwickelt die Pflanze keine zweite Blüte mehr.

Geleitet und gestützt

Auch das Anleiten von Kletterpflanzen, das Hochbinden überhängender Triebe oder das Stützen kräftiger Blütenstände gehört zur sommerlichen Pflege der Balkonblumen.

- **Kletterpflanzen** sollten gleich nach dem Einpflanzen angeleitet werden, damit sie den Weg am Klettergerüst nach oben finden (→ Seite 44/45). Aber auch wenn sie schon gut eingewachsen sind, kann es vorkommen, dass der eine oder andere Trieb Ihre Hilfestellung braucht. Manchmal rutschen die Triebe an zu glatten Kletterhilfen hinunter, oder einzelne Triebe finden das Klettergerüst gar nicht und wachsen wirr umher. Fassen Sie die Triebe vorsichtig an – sie brechen sehr leicht – und binden Sie sie mit Bast oder mit kunststoffummanteltem Draht in Form einer lockeren Acht (→ Abb. 4, Seite 59) an der Kletterhilfe fest.
- Auch **Pflanzen mit großen, schweren Blütenständen** wie Dahlien, Lilien oder Sonnen-

Welke Blätter entfernen
Welke oder beschädigte Blätter sind ebenfalls unschön und Eintrittspforte für mancherlei Krankheiten. Brechen Sie die Blätter vorsichtig an ihren Ansatzstellen ab – geht das nur schwer, dann nehmen Sie die Schere.

In Form gehalten
Lange, störende Triebe können Sie jederzeit abschneiden. Verwenden Sie eine scharfe Gartenschere, nur so gibt es glatte Schnitte. Gequetschte Triebe faulen und bieten Krankheitskeimen gute Angriffsflächen.

Gut beschirmt
Ein Sonnenschirm schützt empfindliche Balkonblumen in der Mittagshitze nicht nur vor sengenden Sonnenstrahlen, er hält auch auf die Schnelle unerwartete Regengüsse ab. Achten Sie auf eine stabile Befestigung.

blumen benötigen eine Stützhilfe, damit die Blütenstängel unter der Blütenlast nicht abbrechen. Stecken Sie einfach Bambus- oder Metallstäbe in das Pflanzgefäß und binden Sie den Blütenstängel daran fest: am besten einmal kurz unterhalb der Blüte und ein zweites Mal etwa in halber Höhe des Blütenstängels.
Bringen Sie – wenn das möglich ist – die Stützen so unter, dass sie im dichten Blattwerk so wenig wie möglich auffallen. Oder verwenden Sie Stützhilfen, die gleichzeitig schmückendes Accessoire sind, z. B. lackierte Metallstäbe mit verziertem »Kopf« oder auf Holzstäben gesteckte Rosenkugeln.

Schutz vor Sonne und Regen

Auf der Terrasse oder einem Balkon, der im oberen Stockwerk oder auf der Wetterseite liegt, können pralle Sonne und prasselnder Regen den Pflanzen ganz schön zusetzen. Da heißt es: entweder Kästen und Töpfe geschützt unterbringen oder an Ort und Stelle einen geeigneten Schutz anbieten.

- Die einfachste Methode, Balkonblumen vor Sonnenstrahlen – aber auch Regentropfen – zu schützen, sind Sonnen- oder Regenschirm (→ Abb. 7) oder ein Sonnensegel. Bei windigem Wetter muss der Schirm allerdings ganz gut befestigt werden, um nicht davonzufliegen.
- Gegen Regen gibt es für Balkonkästen im Handel durchsichtige, gewölbte Plastikdächer. Sie sind auf einen Metallbügel aufgeschraubt und können in den Kasten gesteckt oder an der Balkonbrüstung angebracht werden. Einmal angebracht, »behüten« diese Dächer den Balkonkasten dann die ganze Saison.
- Wer das nicht will, der kann in gebührendem Abstand zu den Pflanzen Drahtbügel oder Bambusstäbe in Kasten oder Topf stecken und bei herannahendem Regen einfach eine Plastikfolie (bei Kästen) oder eine Plastiktüte (bei Töpfen) über die Abstandhalter ziehen und später wieder abnehmen.

In Form gebracht

In Form geschnittene immergrüne Gehölze setzen auf Balkon und Terrasse das ganze Jahr über schöne Akzente. Buchs gehört zu den beliebtesten Formgehölzen. Er ist robust und anspruchslos und lässt sich leicht in fast jede Form schneiden. Sie können ihn aber auch im Gartencenter oder in der Baumschule bereits als Kegel, Kugel oder Quader zurechtgestutzt kaufen. Damit er seine Form behält und eine schöne dichte Oberfläche ausbildet, sollten Sie jedoch mindestens einmal im Jahr den Neuaustrieb zurückschneiden. Je häufiger Sie schneiden, desto mehr Nahrung braucht die Pflanze. Übrigens: Für Buchs im Topf gibt es einen speziellen Flüssigdünger.
Ende Juni hat der Buchs seinen ersten Wachstumsschub beendet. Jetzt ist die richtige Zeit, die Konturen neu anzulegen oder nachzuschneiden.

- Verwenden Sie zum Schnitt eine scharfe Gartenschere, besser noch eine Schafschere.
- Wenn Sie sich nicht auf Ihr Augenmaß verlassen möchten, dann schneiden Sie sich aus Karton die gewünschte Form aus oder formen Sie stabilen Draht zu einer Schnittschablone. Eine kegelförmige Form erhalten Sie aus zeltartig zusammengebundenen Bambus- oder Holzstäben.
- Stecken Sie die Schablone über die Pflanze und schneiden Sie alle Triebe, die jetzt aus der Form herauswachsen, zurück. Aus dem Schnitt»abfall« können Sie Stecklinge machen (→ Seite 76/77).

SO MACHT BUCHS EINE GUTE FIGUR

J	F	M	A	M	J	J	A	S	O	N	D

Zeitbedarf:

je nach Pflanzengröße 10–30 Min.

Material:

- vorgefertigte Schablone aus Karton
- Draht, Bambus- oder Holzstäbe als »Schablone«

Werkzeug, Zubehör:

- Garten- oder Schafschere
- Handfeger und Schaufel, um die Schnittreste vom Balkon zu entfernen

Was tun gegen Pilzbefall, Blattlaus & Co?

Wer kennt das nicht: fleckige oder angefressene Blätter oder eine Invasion von Blattläusen? Es gibt jedoch Möglichkeiten, Krankheiten und Schädlingen vorzubeugen und sie einfach zu beseitigen.

Geben Sie Krankheiten und Schädlingen keine Chance. Beugen Sie vor: Gut gepflegte Pflanzen sind robuster und weniger anfällig. Sehen Sie sich bei Ihren Pflege- und Gießgängen die Pflanzen auch immer genau an. Stellen Sie irgendwelche Veränderungen fest? Verfärben sich die Blätter oder rollen sich ein? Verkümmern die jungen Triebe? Je frühzeitiger Schädlinge und Krankheiten erkannt werden, desto besser können Sie sie bekämpfen – oftmals sogar ganz ohne chemische Keule.

Denken Sie beim Sprühen von Pflanzenstärkungsmitteln immer auch an die Blattunterseiten.

Vorbeugen ist besser als Heilen!

Je besser Sie Ihre Balkonblumen von Anfang an pflegen und versorgen und je sauberer sie arbeiten, desto größer sind die Chancen, dass die Pflanzen gesund bleiben.

Sauber arbeiten

Das Zauberwort beim Pflanzenschutz heißt Hygiene.

- Achten Sie darauf, dass alle Gefäße vollkommen sauber sind. Das gilt auch für die Anzuchtgefäße von Sämlingen und Stecklingen.
- Viele Krankheiten werden durch verschmutztes Werkzeug von Pflanze zu Pflanze übertragen. Säubern Sie das Werkzeug vor dem Gebrauch – aber auch, bevor Sie sich der nächsten Pflanze zuwenden – mit einem haushaltsüblichen Desinfektionsmittel.
- Verwenden Sie altes Pflanzsubstrat möglichst kein zweites Mal. Auch hier könnten sich bereits Krankheitskeime angesiedelt haben.

Für gute Kondition sorgen

- Bei den Balkonblumen gibt es inzwischen viele Neuzüchtungen, die z. B. immun gegen Mehltau sind. Fragen Sie beim Kauf Ihrer Balkonblumen gezielt nach diesen Sorten.
- Beachten Sie die Standortansprüche Ihrer Balkonblumen (→ Porträtteil), und bringen Sie wind- und regenempfindliche Pflanzen geschützt unter.
- Pflanzen Sie nicht zu dicht. Zu eng bepflanzte Kästen lassen schwächer wachsenden Balkonblumen in der Konkurrenz keine Chance. Sie kümmern und bieten damit beste Chancen für Schaderreger.
- Vermeiden Sie Staunässe, Trockenheit und Nährstoffmangel.
- Entfernen Sie regelmäßig kranke, welke und abgestorbene Pflanzenteile.
- Der Handel bietet verschiedene Pflanzenstärkungsmittel an. Sie enthalten natürliche Wirkstoffe wie Algenextrakte, Kräutermischungen oder ätherische Öle und sorgen dafür, dass das Pflanzengewebe widerstandsfähiger wird.

Genaues Hinsehen lohnt!

Selbst bei den besten Voraussetzungen können immer wieder einmal Krankheiten und Schädlinge auftreten.

- Nehmen Sie Blüten, Triebe und Blätter unter die Lupe.

Achten Sie beim Gießen, Düngen oder Ausputzen gleichzeitig auf Schädlinge und Krankheiten.

Drehen Sie die Blätter auch einmal um. Auf den Unterseiten siedeln sich gerne saugende Schädlinge (→ Seite 64) an.

- Schauen Sie bei buschigen Pflanzen auch ins Pflanzeninnere. Ein flüchtiger Blick im Vorbeigehen reicht nicht aus, um eventuelle Schäden oder Schädlinge zu erkennen.

Hilfe – meine Pflanze ist krank

Stellen Sie Schädigungen an der Pflanze fest, sollten Sie so schnell wie möglich herausfinden, ob es sich um einen Pflegefehler (→ Seite 66/67), eine Krankheit (→ Seite 65) oder einen Schädling (→ Seite 64) handelt, damit Sie richtig und rasch reagieren können.

- Als Sofortmaßnahme schneiden Sie das geschädigte Pflanzenteil einfach ab. Beobachten Sie in den nächsten Tagen die Pflanze, ob die Schäden oder der Befall an anderer Stelle wieder auftreten. Wenn ja, sollten Sie die befallene Pflanze am besten entfernen, damit sich die Schädigung nicht weiter ausbreiten kann.
- Je nach Art der Schädigung gibt es ganz spezielle Hilfsmaßnahmen. Sie reichen vom einfachen Absammeln der Schädlinge über die Anwendung von Pflanzenbrühen und -jauchen (→ Tipp und Seite 64) bis hin zum Einsatz von Pflanzenschutzmitteln. Die chemische Bekämpfung von Krankheiten und Schädlingen sollte allerdings nur der letzte Ausweg sein. Probieren Sie erst die biologischen Alternativen.

Der richtige Umgang mit Pflanzenschutzmitteln

- Informieren Sie sich im Fachhandel, welches Mittel für Ihre kranke Pflanze am besten in Frage kommt.
- Bewahren Sie die Pflanzenschutzmittel verschlusssicher und außerhalb der Reichweite von Kindern und auch Haustieren auf.
- Halten Sie sich genau an die Dosierungsanleitung und die auf der Packung angegebenen Sicherheitshinweise bei der Ausbringung und Lagerung.
- Tragen Sie beim Umgang mit Pflanzenschutzmitteln immer Handschuhe, am besten auch noch einen Mundschutz.
- Sprühen Sie am frühen Morgen oder in den Abendstunden, niemals in der prallen Sonne oder bei Wind.
- Die Reste von Pflanzenschutzmitteln und Spritzbrühen gehören auf jeden Fall auf den Sondermüll.
- Wenn nur die eine oder andere Pflanze stark befallen ist, sollten Sie auf chemische Mittel lieber verzichten, die Pflanzen wegwerfen (Hausmüll, nicht Kompost!) und durch neue ersetzen.

Tipp

BRENNNESSEL KONTRA BLATTLAUS

Spritzen Sie bei leichtem Blattlausbefall mit Brennnesseljauche – das hilft, ist biologisch und billig. Schneiden Sie dazu 500 g frische Brennnesseln klein und weichen Sie sie in 5 Litern Wasser 12–24 Stunden ein.
Sprühen Sie dann die befallenen Pflanzen tropfnass mit dem unverdünnten Sud ein. Bei Bedarf wiederholen.

Diagnosetafel: Schädlinge

BLATTLÄUSE

Schadbild: eingerollte Blätter, gekrümmte Jungtriebe, klebriger Belag auf den Blättern
Vorbeugen: richtiger Standort, optimale Versorgung mit Wasser und Nährstoffen, nicht zu dicht pflanzen
Bekämpfen: Blattläuse abwischen, befallene Triebe abschneiden, mit Brennnesselsud (→ Tipp Seite 63) oder Schmierseifenlösung (1 EL Seife auf 1 Liter Wasser) sprühen

SPINNMILBEN

Schadbild: fahle Blätter, die bald abfallen, seidige Gespinste an Blättern und Trieben
Vorbeugen: für kühl-feuchte Umgebung sorgen
Bekämpfen: Pflanze öfter überbrausen, befallene Teile entfernen, mit Schachtelhalmbrühe sprühen(1 kg Schachtelhalm auf 10 Liter Wasser, 1 Tag einweichen, 30 Min. kochen, dann abseihen)

WEISSE FLIEGE

Schadbild: vergilbende, abfallende Blätter, bei Berührung der Pflanze fliegen sofort weiße Insekten auf
Vorbeugen: nicht möglich, bei erstem Auftreten sofort Bekämpfungsmaßnahmen durchführen
Bekämpfen: Pflanzen mehrmals wöchentlich mit unverdünnter Rainfarnbrühe sprühen (1 kg Rainfarn auf 10 Liter Wasser, 1 Tag lang ansetzen, 30 Min. kochen, abseihen)

SCHILDLÄUSE

Schadbild: gelbe Flecken auf der Blattoberseite, klebrige Blätter (Ausscheidungen der Schildläuse), braune Höcker auf Stielen und Blattadern
Vorbeugen: regelmäßige Kontrolle
Bekämpfen: Schilde mit dem Fingernagel abkratzen, mit Seifen-Spiritus-Lösung (1 EL Schmierseife, 1 TL Brennspiritus, 1 Liter Wasser) tropfnass einsprühen, nach 1 Stunde die Läuse abwischen

DICKMAULRÜSSLER

Schadbild: buchtartig angefressene Blätter (Käfer), Wurzeln und Knollen sind abgefressen (Larven)
Vorbeugen: regelmäßige Kontrolle (die Larven sitzen im Wurzelbereich)
Bekämpfen: Käfer nach Einbruch der Dunkelheit mit Taschenlampe absammeln, Wurzeln auswaschen und in neues Substrat umtopfen; spezielle parasitäre Nematoden (im Handel erhältlich) vernichten die Larven

RAUPEN

Schadbild: unregelmäßiger Loch- und Blattrandfraß, bei starkem Befall auch Kahlfraß möglich, sehr auffällig sind die braunen und grünen Kothäufchen
Vorbeugen: regelmäßige Kontrolle
Bekämpfen: Pflanzen gründlich absuchen und morgens schütteln, die Raupen lassen sich dann fallen; abgefressene Blätter und Triebe entfernen, um Pilzbefall zu vermeiden

Diagnosetafel: Pilzkrankheiten

ECHTER MEHLTAU

Schadbild: erst weißer, mehlartiger später bräunlicher, abwischbarer Belag auf Blättern, Blüten und Trieben
Vorbeugen: Kalium-betont düngen, nicht zu dicht pflanzen, resistente Sorten auswählen
Bekämpfen: befallene Pflanzenteile entfernen, mit Schachtelhalmbrühe (→ Spinnmilben) sprühen, bei stärkerem Befall ein Pilzbekämpfungsmittel (Fungizid) verwenden

GERANIEN-ROST

Schadbild: Blattunterseite mit punktförmigen, rost- bis dunkelbraunen Pusteln, die sich zu größeren Ringen und Flecken ausbreiten
Vorbeugen: regelmäßige Kontrolle
Bekämpfen: befallene Blätter sofort entfernen, bei stärkerem Befall Einsatz eines Fungizides, Blattunterseiten benetzen, mehrmals wiederholen, wenn auch das nicht hilft, befallene Pflanzen ersetzen

GRAUSCHIMMEL

Schadbild: braune Faulstellen an den Trieben, Blüten und Blättern, mit grauem Pilzrasen überzogen
Vorbeugen: welke Blätter und Blüten regelmäßig ausputzen, nicht zu nass halten, vor allem Blätter und Blüten trocken halten
Bekämpfen: befallene Stellen sofort weitreichend ausschneiden, mit Schachtelhalmbrühe sprühen, bei starkem Befall Fungizid verwenden

PETUNIENWELKE

Schadbild: welke Blätter und Stängel nach der Blüte; der Bereich um den Wurzelkopf herum und der Stängelgrund werden faul und dunkel
Vorbeugen: keine Stickstoff-betonte Düngung, morgens gießen, niemals über die Blätter gießen
Bekämpfen: eine Bekämpfung der Petunienwelke ist nicht möglich, befallene Pflanzen müssen ausgetauscht und vernichtet werden

STÄNGELFÄULE

Schadbild: alte Blätter vergilben, welken und sterben ab; Welkeerscheinungen von unten nach oben; Keimlinge kippen um und sterben ab
Vorbeugen: auf Hygiene achten, bei Aussaaten Stärkungsmittel verwenden, Pflanzen trocken halten
Bekämpfen: befallene Pflanzen entfernen, Gefäße desinfizieren, bei Gruppenbepflanzung andere Pflanzen in neues Substrat setzen

ROSEN-ROST

Schadbild: wie bei Geranien-Rost, auf der Blattunterseite orange gefärbte Pusteln, auf der Blattoberseite gelbe Flecken, orange-brauner Pilzrasen überzieht den Blattstiel
Vorbeugen: regelmäßige Kontrolle, auf gute Durchlüftung achten
Bekämpfen: befallene Pflanzenteile sofort entfernen, bei starkem Befall wiederholt mit einem Fungizid einsprühen

Matte Pflanzen: krank oder falsch gepflegt?

Zu trocken oder zu nass, zu wenig oder der falsche Dünger, zu viel oder zu wenig Sonne, zu kleiner Topf – Balkonblumen kränkeln schnell bei unpassendem Standort oder falscher Pflege.

Gelbe Blätter, hängende Blütenköpfchen, braune Blattränder sind oft Folgen von zu viel oder zu wenig Pflege. Achten Sie auf Warnzeichen, die Ihre Pflanzen aussenden, wenn Sie es zu gut gemeint oder sie vernachlässigt haben. Lernen Sie Ihre Pflanzen kennen. Meist zeigen sie frühzeitig, was sie wünschen und was ihnen nicht passt.

Aufgehellte Blätter sind meist ein Zeichen für Eisenmangel. Gießen Sie mit weichem Wasser.

Am falschen Platz

Gefällt es einer Pflanze nicht an ihrem Platz oder wird sie von Nachbarn zu stark bedrängt, dann zeigt sie dies meist an:

- Schatten liebende Pflanzen reagieren auf zu viel Sonne wie der Mensch auch mit Sonnenbrand (→ Abb. Seite 67).
- Licht bedürftige Pflanzen bilden im Schatten keine Blüten aus und entwickeln lange, dünne, hellgrüne Triebe (→ Geilwuchs Seite 67) oder werden blühfaul.

Die Symptome verschwinden meist wieder, wenn Sie der Pflanze die ihr zusagenden Standortbedingungen schaffen.

Mangel oder Überfluss?

Leider reagiert die Pflanze auf Mangel oder Überschuss sehr oft mit den gleichen Symptomen. Es gehört schon etwas Erfahrung dazu, die Symptome richtig zu deuten.

- Egal ob zu viel oder zu wenig Wasser: Die Blätter zeigen in beiden Fällen Welkeerscheinungen. Prüfen Sie zunächst die Feuchtigkeit des Substrats. Ist es trocken, sollten Sie sofort gießen. Besser noch, Sie tauchen den Ballen samt Topf in einen Eimer Wasser und lassen das Substrat vollsaugen, bis keine Luftblasen mehr aufsteigen. Ist der Ballen hingegen zu nass, dann müssen Sie ihn ablaufen und trocknen lassen. Ist etwa das Abzugsloch verstopft? Sorgen Sie auf alle Fälle dafür, dass der Wurzelballen erst einmal gut abtrocknet, bevor Sie wieder gießen.
- Beim Düngen ist es ähnlich – und doch viel komplexer. Zu erkennen, welcher Nährstoff zu wenig oder zu viel vorhanden ist, fällt selbst Profigärtnern anhand der Symptome schwer (→ Praxisinfo Seite 57).

Der pH-Wert macht es aus

Mit pH-Messstäbchen oder Lackmuspapier aus dem Fachhandel können Sie sich einen ersten Überblick über den Säuregrad Ihres Substrates verschaffen. Von diesem ist nämlich die Aufnahme und Verfügbarkeit der Nährstoffe abhängig.

Die meisten Pflanzen kommen mit einem pH-Wert von 6–7 gut zurecht. Bei zu niedrigem (unter pH 5) oder auch zu hohem pH-Wert (über 7) können manche Nährstoffe nicht mehr von den Pflanzen aufgenommen werden. So ist z. B. Eisen für die Pflanzen nur in sauren Substraten (pH-Wert unter 7) verfügbar.

Diagnosetafel: Häufige Pflegefehler

ZU TROCKEN

Schadbild: Blätter und Blütenköpfe hängen schlapp herab, zwischen Ballen und Topfrand bildet sich ein Spalt
Vorbeugen: regelmäßige Kontrolle der Substratfeuchte, vor allem an Sonnen-, aber auch Regentagen
Maßnahmen: als Sofortmaßnahme Pflanzen mit dem Ballen in einen Eimer Wasser tauchen, evtl. Triebe zurückschneiden; bei großer Hitze morgens und abends gießen

ZU NASS

Schadbild: Blätter und Triebe hängen schlapp herab, kein Glanz mehr auf den Blättern, Blütenfarbe fahl
Vorbeugen: regelmäßige Kontrolle der Substratfeuchte, stehendes Wasser aus Übertopf oder Untersetzer entfernen
Maßnahmen: Pflanzen aus stehendem Wasser nehmen, Ballen gut abtrocknen lassen, Pflanze zurück schneiden, vorsichtiger gießen

SONNENBRAND

Schadbild: silbrig aufgehellte Flächen zwischen den Blattadern, die sich später bräunlich verfärben, Blätter fallen im Extremfall ab
Vorbeugen: überwinterte und neu gekaufte Pflanzen nicht der direkten Sonne aussetzen, beschatten
Maßnahmen: Pflanzen sofort aus der Sonne nehmen bzw. beschatten; auf den richtigen Standort entsprechend der Bedürfnisse achten

GEILWUCHS

Schadbild: dünne, lange, hellgrüne Triebe, die nach oben wachsen, kleine Blätter
Vorbeugen: nicht zu dicht pflanzen, Licht liebende Pflanzen nicht in den Schatten stellen
Maßnahmen: einige Pflanzen aus dem Kasten entfernen, um genügend Platz für die anderen zu schaffen, Pflanzen zurückschneiden, heller und wärmer stellen

EISENMANGEL

Schadbild: Blätter hellen zwischen den Blattadern auf, zuerst die jüngeren Blätter, später auch die älteren
Vorbeugen: Substrat mit niedrigem pH-Wert (hoher pH-Wert blockiert Eisen) verwenden, mit kalkarmem Wasser gießen
Maßnahmen: Pflanzen in Substrat mit niedrigerem pH-Wert umtopfen, mit einem speziellen Eisendünger nachdüngen

BLÜHFAULHEIT

Schadbild: Pflanze wächst nicht mehr, blüht nur spärlich oder gar nicht
Vorbeugen: Sonne liebenden Pflanzen ausreichend Licht geben, regelmäßig Verblühtes ausschneiden, den Wurzeln genügend Platz geben
Maßnahmen: bei zu dunklem Standort die Pflanzen sonniger stellen, Flüssigdünger mit hohen Phosphoranteil verwenden, eventuell in größeren Topf und neues Substrat umtopfen

› FRAGE & ANTWORT

Expertentipps rund um die Pflege

Gut gepflegte und gesunde Balkonblumen erfreuen Sie den ganzen Sommer lang: mit makellosen, farbenkräftigen Blüten, intensiv grünen Blättern und artgemäßem, kräftigem Wuchs. Haben Sie ein wachsames Auge auf Ihre Pflanzen, damit es ihnen an nichts mangelt.

? Meine Rosen, die schon mehrere Jahre auf dem Balkon stehen, wollen nicht mehr weiterwachsen, obwohl ich sie regelmäßig gieße und dünge. Woran kann das liegen?

Ihre Rosen sind wahrscheinlich dem Pflanzgefäß entwachsen. Topfen Sie die Rosen aus und kontrollieren Sie den Wurzelballen. Haben die Wurzeln ein dichtes Flechtwerk gebildet und ist vor lauter Wurzeln die Erde kaum mehr sichtbar? Dann ist es höchste Zeit, den Rosen einen größeren Topf und neues Substrat zu gönnen. Das zu Wenig an Erde machen auch Feuchtigkeit und Nährstoffe nicht mehr wett. Verwenden Sie für Rosen immer einen hohen Topf, da Rosen Tiefwurzler sind. Da Rosen außerdem besonders Nährstoff bedürftig sind, sollten Sie ein Substrat mit einem hohen Stickstoff-Gehalt oder spezielle Rosenerde verwenden. Lockern Sie beim Umtopfen den Ballen etwas auf, oder schneiden Sie am Rand des Ballens mit einem scharfen Messer keilförmig ein. Die verletzten Wurzeln werden zu mehr Wuchs angeregt, die neue Erde schnell durchwurzelt. Die beste Zeit für die Umtopf-Aktion ist das Frühjahr.

? Meine Petunien in der Hängeampel bekommen Mitte Juli ganz viele gelbe Blätter. Was ist passiert?

Petunien benötigen ein gleichmäßig feuchtes Substrat und sollten regelmäßig gut gedüngt werden. Trockenes Substrat oder zu wenig Dünger nehmen sie schnell übel und zeigen diesen Mangel durch gelbe Blätter an. Ampelpflanzen trocknen vor allem an heißen Tagen relativ schnell aus, da sie von allen Seiten erwärmt werden können. Kontrollieren Sie daher regelmäßig die Feuchtigkeit in der Ampel. Stellen Sie sich auf einen Stuhl oder eine Trittleiter, damit Sie von oben einen Blick auf das Substrat werfen können und fühlen Sie mit den Fingern die Feuchtigkeit. Da Petunien rasante Wachser und reiche Blüher sind, brauchen sie viel Stickstoff. Eine wöchentliche Düngung mit einem Stickstoff-betonten Flüssigdünger gehört daher zur Standardpflege bei Petunien.

? Beim Ausputzen meiner Hängepelargonien breche ich immer wieder auch frische Blütenstängel ab. Wie kann ich das verhindern?

Das beste wäre, wenn Sie zum Ausputzen von außen in Augenhöhe an Ihre Balkonkästen gelangen könnten. Es steht zwar überall geschrieben, dass man beim Ausputzen welker Blütenstängel keine Stummel stehen lassen soll. Sind die Blüten der Pelargonien welk, dann ist aber der Blütenstängel meist noch frischgrün und zwischen den Blättern von oben her nur schwer auszumachen. Ich empfehle Ihnen, zunächst einmal nur die welken Blüten mit den Fingern abzuknipsen und den Blütenstängel stehen zu lassen. Er wird in zwei bis drei Tagen gelb, ist dann leicht sichtbar und lässt sich auch einfach an der Ansatzstelle abbrechen.

? Meine Hängepelargonien zeigen bräunliche, Kork ähnliche Flecken auf der Blattunterseite. Schädlinge sind allerdings nicht zu erkennen. Was fehlt meiner Pflanze?

Solche Korkwucherungen entstehen nicht durch Schädlinge oder Krankheiten, sondern sind meist nur auf übermäßige Wassergaben oder eine stark schwankende Wasserversorgung zurückzuführen. Das Substrat sollte möglichst immer gleichmäßig feucht (nicht nass!) sein. Prüfen Sie vorsichtshalber auch die Wasserabzugslöcher. Entfernen Sie die Blätter mit den unschönen Flecken. Schneiden Sie die Pflanze etwas zurück und versorgen Sie sie künftig regelmäßig mit Wasser und auch Nährstoffen.

? Ich habe mir als Ersatz für ein vertrocknetes Männertreu eine neue Pflanze gekauft. Beim Einpflanzen habe ich im Wurzelballen kleine honigbraune Kugeln gefunden. Ich konnte sie allerdings nicht alle entfernen. Sind das Schneckeneier?

O je, da haben Sie sich umsonst Mühe und Sorgen gemacht. Was Sie so beunruhigt, sind keine Schnecken- oder sonstige Schädlingseier, im Gegenteil: Bei den kleinen beigefarbenen oder hellbraunen Kügelchen handelt es sich um Langzeitdünger. Solche Düngerperlen werden inzwischen von vielen Gärtnereien und Gartencentern dem Pflanzsubstrat beigemischt. Die Düngekörner sind von einer Harzhülle umgeben, die die Nährstoffabgabe über Temperatur und Substratfeuchtgkeit regelt. Eine einzige Düngergabe reicht etwa vier bis sechs Monate lang – also eine ganze Vegetationsperiode.

? Ich habe letztes Jahr eine wunderschöne blau blühende Topf-Hortensie geschenkt bekommen und auch gut über den Winter gebracht. Die Pflanze hat viele Blütendolden angesetzt. Die Blüten sind jedoch nicht kräftig blau, sondern leicht rosa gefärbt. Was habe ich denn falsch gemacht?

Sie sind nicht der erste Hortensien-Besitzer, der eine »Enttäuschung« erlebt. Schuld an der Verfärbung ist ein Aluminium-Mangel. Der Farbstoff Delphinidin in den Hortensien-Blüten geht mit Aluminium eine feste Verbindung ein und färbt die Blütenblätter blau. Aluminium ist aber nur in saurem Boden (pH-Wert unter 7) verfügbar.
Gießen Sie Ihre Hortensie nur mit kalkfreiem Wasser und topfen Sie sie im nächsten Frühjahr in spezielle Hortensienerde um. Verwenden Sie außerdem zum Düngen einen aluminiumhaltigen Spezialdünger für blaue Hortensien (im Fachhandel erhältlich). Sie werden sehen, nächstes Jahr erstrahlt Ihre Hortensie wieder ganz in Blau. Bei weißen Hortensien brauchen Sie das nicht probieren. Sie werden nie blau.

? Unser Schlingknöterich hat dieses Jahr das Dach erreicht. Wie und wann können wir ihn zurückschneiden?

Der Schlingknöterich ist eine sehr stark wüchsige Kletterpflanze und muss unbedingt gut im Zaum gehalten werden, damit er Ihnen nicht über den Kopf wächst und alles überwuchert. Sie können – und sollten – die Triebe jederzeit stark zurückschneiden. Mit einem kräftigen Schnitt im August fördern Sie gleichzeitig die Blühfreudigkeit des Kletterers. Schneiden Sie die Triebe, die sich seit dem Frühjahr gebildet haben, auf zwei bis drei Blätter zurück. Der Schlingknöterich bildet dann im Laufe der Saison weniger lange Triebe und hat mehr Kraft zur Ausbildung von Blütenrispen.

? Ich habe meinen Blumenkasten mit lilafarbenen Surfinia-Petunien und Blauen Gänseblümchen bepflanzt und auf eine schöne Ton-in-Ton-Kombination gehofft. Nun sehe ich von den Gänseblümchen mit den zarten Blättchen kaum etwas. Soll ich die Petunien zurückschneiden?

Sie haben leider in einem Pflanzgefäß verschieden stark wüchsige Pflanzen kombiniert. Surfinia-Petunien sind sehr stark und schnell wüchsig. Sie haben die Blauen Gänseblümchen einfach verdrängt. Da hilft Zurückschneiden gar nichts, Sie sollten die Pflanzen in getrennten Töpfen halten. Vielleicht können Sie aber noch etwas retten: Setzen Sie die Gänseblümchen in ein eigenes Gefäße um. Schneiden Sie staksig gewordene Triebe zurück.

Pflanzen aus eigener Anzucht

Dem selbst gezogenen Pflanzen-Nachwuchs beim Wachsen zuzusehen, macht nicht nur viel Freude. Sie sparen mit der Aussaat oder Anzucht aus Stecklingen auch jede Menge Geld. Zudem können Sie seltene Sorten bewahren und Ihre Sammlung besonderer Balkonblumen stetig vergrößern.

Pflanzen aus der eigenen Anzucht, die im Sommer Balkon und Terrasse zu einem Blütenparadies werden lassen, machen unheimlich stolz.

Blumen selber säen

Viele Balkonblumen, vor allem die ein- und zweijährigen wie Ringelblumen, Sonnenblumen, Tagetes, Duftwicken, Vergissmeinnicht oder Stiefmütterchen, aber auch Balkongemüse wie Pflücksalat oder Tomaten lassen sich einfach und problemlos aus Samen anziehen. Sie können den Samen kaufen und neue Arten und Sorten ausprobieren. Noch mehr Spaß macht es, wenn Sie einige Blüten Ihrer eigenen Pflanzen bis zur Samenbildung stehen lassen. Die Aussaat ist nicht schwierig (→ Seite 74/75).

Mit oder ohne Saathilfen

Sie können es sich ganz einfach machen und Aussaathilfen wie Saatscheiben- oder Saatbänder (→ Seite 75) und spezielle Aussaatschalen oder sogar Mini-Gewächshäuser verwenden. Sie können Ihre »Samenbank« aber auch in allerlei Plastikschalen (→ Seite 72), mit Glasplatten oder Folie abgedeckt, auf der Fensterbank über der Heizung anlegen. Ausschlaggebend für den Erfolg sind gutes Saatgut, keimfreies Pflanzsubstrat und ein feucht-warmes Klima.

Aus eins mach viele

Auch mehrjährige Balkonblumen und Kräuter können durch Aussaat vermehrt werden. Einfacher und schneller geht es allerdings durch Teilung der Pflanzen oder durch die Anzucht neuer Pflanzen aus Trieb-, Kopf- oder Blatt-Stecklingen (→ Seite 76/77).

Schnittreste verwenden

Geranien und Vanilleblumen, Fuchsien, Buntnesseln und Buchs müssen im Sommer immer wieder einmal in Form geschnitten werden. Längere Schnittreste (10–15 cm) lassen sich gut als Stecklinge verwenden. Die warmen Sommertage sorgen dafür, dass die Stecklinge bis zum Herbst genügend Wurzeln ausgebildet haben, um problemlos über den Winter zu kommen.

Sehr viele Balkonblumen können Sie selbst aus Samen (oben) oder Stecklingen (rechts) heranziehen.

Das A und O der Pflanzenvermehrung

Haben Sie genügend Platz für Anzuchtgefäße, Zeit zum Pflegen der Nachzucht und Lust am Experimentieren? Dann sollten Sie Ihre Balkonblumen aus Samen und Stecklingen selbst heranziehen.

Geranien lassen sich ganz leicht bis zum Spätsommer über Kopfstecklinge vermehren.

Ob Sie Ihre Balkonblumen aus Samen oder Stecklingen heranziehen – für beide Vermehrungsmethoden gelten die selben Voraussetzungen: passende Aussaatgefäße, geeignetes Substrat, sauberes Arbeiten.

Mini-Gewächshaus oder Jogurt-Becher?

Zur Anzucht Ihrer Balkonblumen brauchen Sie – je nach Menge der gewünschten »Pflanzenkinder« – geeignete Gefäße, in denen sich der Nachwuchs entwickeln kann.

- Im Gartencenter bekommen Sie sehr professionelle Vermehrungsutensilien: Torfquelltöpfchen, Multitopfplatten und Jiffy-Töpfe, in denen die Pflanzen heranwachsen und mit denen sie umgetopft werden können, Aussaatschalen aus Plastik mit passenden Abdeckhauben – teilweise sogar mit Bodenheizung – und Mini-Gewächshäuser für die Fensterbank.
- Aber auch Eierkartons, Eisbehälter, Jogurt-Becher oder ausgediente Plastikschalen aus dem Haushalt lassen sich zweckentfremden und als Aussaat- und Anzuchtgefäße einsetzen. Waschen Sie die Gefäße gut mit heißem Wasser aus. Stechen Sie in den Plastikboden mehrere Löcher, damit überschüssiges Wasser ablaufen kann und suchen Sie sich passende Untersetzer für die Gefäße. Speiseeis-Behälter z. B. liefern mit ihrem Deckel den Untersetzer gleich mit.
- Zur Abdeckung der Gefäße und zum Erhalt der Luftfeuchte können Sie durchsichtige Folie, Glas- oder durchsichtige Plastikscheiben verwenden.
- Kleine Tontöpfchen sehen zwar attraktiv aus, verdunsten allerdings viel Wasser, das dann den Pflänzchen fehlen kann. Verwenden Sie Tontöpfe deshalb erst für größere Pflanzen, die schon ausreichend Wurzeln ausgebildet haben.

Nicht am Substrat sparen

Sämlinge, Stecklinge und Jungpflanzen sind besonders empfindlich und brauchen zum Anwachsen und guten Gedeihen nur bestes Substrat. Verwenden Sie grundsätzlich nur spezielles Aussaat- bzw. Anzuchtsubstrat (→ Seite 36/37). Dieses Substrat ist keimfrei, nährstoffarm, luftdurchlässig und wasserspeichernd.

- Nicht sterilisiertes Substrat enthält oftmals Krankheitserreger, auf die Sämlinge und Jungpflanzen besonders empfindlich reagieren.
- Eine zu hohe Konzentration an Nährstoffen kann die empfindlichen Würzelchen verbrennen. Außerdem wachsen die Pflänzchen zu schnell und mastig heran.
- Lockere Erde sorgt dafür, dass viel Luft an die feinen Würzelchen kommt.
- Wasserspeicherndes Substrat hält die Feuchtigkeit gut, ohne staunass zu sein.

Absolute Sauberkeit

Welchem Aussaat- bzw. Anzuchtgefäß auch immer Sie den Vorzug geben: Es sollte absolut sauber sein.

In Jiffy-Töpfchen angezogene Stecklinge können später gleich mit den Töpfchen an den endgültigen Standort verpflanzt werden.

- Waschen Sie Erd- und Pflanzenreste vom Vorjahr unbedingt mit heißem Wasser ab, da sich darin Krankheitskeime tummeln können.
- Desinfizieren Sie die Klingen der Schnittwerkzeuge und die Spitze des Pikierholzes vor jedem neuen Gebrauch, damit eventuelle Krankheitserreger nicht von Pflanze zu Pflanze übertragen werden.
- Die Klingen von Messer und Schere zum Stecklingschneiden sollten absolut scharf sein. Scharfe Klingen schneiden sauber, unscharfe dagegen quetschen die dünnen Triebe eher. Quetschungen oder Risse im Pflanzengewebe können Eintrittspforte für Krankheitserreger sein. Stecklinge mit gequetschtem Trieb bilden auch nur sehr schwer neue Wurzeln.

Der richtige Zeitpunkt

Damit es frühzeitig auf Balkon und Terrasse grünt und blüht, sollten Sie rechtzeitig säen und Stecklinge schneiden.

- Samen brauchen je nach Temperatur (günstig sind 18–20 °C) etwa 2–3 Wochen zum Auskeimen, weitere 4–6 Wochen, bis sich schöne und kräftige Jungpflanzen entwickelt haben.
- Mit der Aussaat einjähriger Sommerblumen auf der Fensterbank können Sie schon im Februar starten. Robustere Balkonblumen wie Kapuzinerkresse, Schwarzäugige Susanne oder Tagetes können ab Mitte April direkt im Freien ausgesät werden. Zweijährige Sommerblumen werden im Juli gesät.
- Stecklinge können Sie vom Frühjahr bis zum Spätsommer schneiden. Die Mutterpflanze sollte kräftig und gesund sein, die Stecklinge ausgereift und nicht zu jung.
- Die Stecklinge sind bei einer Bodenwärme von ca. 18 °C nach etwa 2–3 Wochen angewurzelt. Nach weiteren 4–5 Wochen können Sie die gut angewurzelten Stecklinge dann in größere Gefäße umsetzen.

Tipp

WURZELSCHONENDE ANZUCHT: QUELLTÖPFE

Quelltöpfe eignen sich sehr gut zur Aussaat einzelner großer Samen und für die Anzucht von Stecklingen. Die Pflanzen können in den Quelltöpfen ungestört Wurzeln bilden und heranwachsen. Bei ausreichender Größe werden die Jungpflanzen einfach und wurzelschonend mitsamt den Quelltöpfen in größere Gefäße eingesetzt.

› PRAXIS

Vom Samenkorn zur Blütenpracht

Sie blühen nur einen Sommer lang, aber in dieser Zeit mit beeindruckender Blütenfülle: ein- und zweijährige Balkonblumen. Lassen Sie sich von der riesigen Vielfalt der Samentüten verlocken!

SOMMERZAUBER AUS DER SAMENTÜTE

J	F	M	A	M	J	J	A	S	O	N	D

Zeitbedarf:

ca. 20–30 Min. pro Samentüte

Material:

- Saatgut
- Anzuchterde

Werkzeug, Zubehör:

- Anzuchtgefäße
- Holzbrettchen
- Sieb
- Abdeckhaube oder durchsichtige Folie
- Sprühflasche
- Etiketten
- wasserfester Stift

Die erste Frühjahrssonne, ins Haus flatternde Samenkataloge und das große Angebot an Samentütchen in den Regalen der Gartencenter kündigen an: Zeit zum Aussäen!

Augen auf beim Samenkauf!

Auch beim Samenkauf ist eine gute Qualität die beste Grundlage für eine reiche Blüte und kräftiges Wachstum.

- Kaufen Sie Samen nur im Fachgeschäft.
- Geben Sie hochwertigem Saatgut den Vorzug – auch wenn es teurer ist. Es lohnt sich auf jeden Fall.
- Bevorzugen Sie Samen, der in Keimschutzpackungen angeboten wird und auf dem das Haltbarkeitsdatum vermerkt ist. Je frischer der Samen, desto besser keimt er aus. Das gilt übrigens auch für Samen, den Sie selbst abgenommen haben. Machen Sie im Zweifelsfall eine Keimprobe (→ Seite 80).

Vorkultur oder Direktsaat

Samen braucht zum Keimen eine Bodentemperatur zwischen 15 und 25 °C und genügend Licht. Wenn Sie einen warmen und hellen Platz haben – vielleicht sogar ein beheiztes Kleingewächshaus – dann können Sie mit der Aussaat Ihrer Sommerblumen für Balkon und Terrasse bereits im Februar beginnen.
Beachten Sie unbedingt die Angaben auf den Samentüten. Hier sind günstigster Aussaattermin, Saattiefe (oder die Angabe »Lichtkeimer«), optimaler Samenabstand und Keimdauer angegeben.

Licht- oder Dunkelkeimer?

Lichtkeimer sind Pflanzen, deren Samen nicht oder nur ganz wenig mit Erde bedeckt werden dürfen. Steht auf der Samentüte weder Saattiefe noch der Begriff Lichtkeimer, dann können Sie davon ausgehen, dass es sich um Dunkelkeimer handelt: In diesem Fall werden die Samen mit Erde abgedeckt. Faustregel: Decken Sie die Samen immer so hoch mit Erde ab, wie die Dicke des Samens beträgt.

Aussäen leicht gemacht

- Füllen Sie das Aussaatgefäß (→ Seite 72) bis knapp unter den Rand mit Anzuchterde.
- Glätten Sie die Erde und drücken Sie sie – vor allem am Rand und in den Ecken – so mit dem Handrücken oder einem Holzbrettchen an, dass eine ebene Oberfläche entsteht.

- Feuchten Sie das Substrat gut an. Verwenden Sie dazu einen Zerstäuber, damit keine Gießuntiefen im Substrat entstehen.
- Verteilen Sie den Samen möglichst gleichmäßig auf der Substratoberfläche.
- Drücken Sie Lichtkeimer oder ganz feine Samen leicht an und decken Sie Dunkelkeimer mit Erde ab. Sieben Sie die Erde über die Samen, dann ist die Abdeckung gleichmäßig und fein.
- Befeuchten Sie das Substrat nochmals mit dem Zerstäuber. Decken Sie das Anzuchtgefäß mit einer Haube oder Folie ab.
- Halten Sie das Anzuchtgefäß bis zum Auskeimen gleichmäßig feucht-warm.

Tipps zum Ausbringen der Samen

- Saatscheiben (→ Abb. 2) und Saatbänder (→ Abb. 3) sind zwar teurer als loser Samen. Da die Samen aber schon im richtigen Abstand im Papier liegen, ersparen Sie sich das Vereinzeln der Samen (→ Seite 78) und haben keinen Ausfall.
- Dunkle Samen sind auf der Erde leichter zu erkennen und zu verteilen, wenn Sie das Saatgut mit Talkpuder vermengen.
- Mischen Sie ganz feinen Samen mit etwas Sand, dann fallen beim Ausstreuen nicht zu viele kleine Körnchen auf ein und dieselbe Stelle.
- Petunien haben einen staubfeinen Samen und sind schwer auszusäen. Samen, bei dem die Körnchen in eine Hüllmasse eingebettet sind (Pillensamen), lassen sich besser aussäen.

1

Feine Samen verteilen
Streuen Sie das Saatgut so aus, dass die Samenkörner nicht zu dicht beieinander liegen. Hilfreich sind hier spezielle Samenspender (→ Abb.). Zur Aussaat eignen sich Anzuchtschalen am besten.

2

Abstand halten
Bei Saatscheiben liegen die Samen im optimalen Abstand zueinander zwischen speziellem Papier eingebettet. Sie können das Papier so zuschneiden, dass es in Ihr Anzuchtgefäß passt.

3

Samen am laufenden Band
Saatbänder sind für die Vorkultur und Direktsaat im Kasten angelegt. Auch hier sind die Samen schon im richtigen Abstand zueinander im Papier fixiert.

4

Umsetzen unnötig
Torfquelltöpfe sind das Mittel der Wahl für große Samen und Pflanzen mit feinen Würzelchen, die nach der Aussaat nicht mehr umgesetzt werden sollten.

PRAXIS

Balkonblumen einfach vervielfältigen

Sie haben eine Geranie mit ganz besonderer Blütenfarbe? Einen Thymian mit auffallender Blattfärbung? Machen Sie mehr daraus – teilen Sie die Pflanze oder nehmen Sie Stecklinge ab.

Die Vermehrung aus Stecklingen, durch Teilung oder über Absenker ist fast noch einfacher als die Aussaat. Und Sie wissen genau, was dabei herauskommt: in relativ kurzer Zeit originalgetreue Kopien der Mutterpflanze.

EINE PFLANZE, VIELE STECKLINGE

J	F	M	A	M	J	J	A	S	O	N	D

Zeitbedarf:

- ca. 15 Min. pro Steckling

Material:

- Stecklinge
- Anzuchtsubstrat

Werkzeug, Zubehör:

- scharfes Messer
- Anzuchtgefäße
- Abdeckhaube oder Folie
- Pikierstab
- Etiketten, wasserfester Stift
- Sprühflasche

Steckling ist nicht gleich Steckling

Ein Steckling ist ein Pflanzenteil, der von der Mutterpflanze abgetrennt und zur Bildung einer neuen Pflanze angeregt wird. Je nach Pflanzenart können Sie Stecklinge aus Triebteilen, Blättern oder Wurzeln schneiden und heranziehen.

- **Kopfstecklinge** sind einjährige, am besten blütenlose Triebspitzen. Schneiden Sie den Kopfsteckling mit einem scharfen Messer ca. 0,5 cm unterhalb eines Blattknotens ab (→ Abb. 1). Die Vermehrung duch Kopfstecklinge wird bei Balkonblumen am häufigsten angewandt.
- **Teil-** oder **Triebstecklinge** stammen aus dem unteren oder mittleren Triebteil. Sie sollten wenigstens ein Blatt oder Blattpaar besitzen. Damit Sie bis zum Einsetzen oben und unten nicht verwechseln, sollten Sie den Steckling oben schräg und am zu bewurzelnden unteren Ende gerade abschneiden. Buchs, Efeu oder Staudenphlox lassen sich gut aus Teilstecklingen vermehren.
- **Blattstecklinge** bestehen aus einzelnen Blättern. Sie können das Blatt mit Blattstiel wie einen Kopfsteckling verwenden oder aber ganz flach auf das Anzuchtsubstrat legen. Bei Blattbegonien können Sie aus einem einzigen Blatt gut 4–5 neue Pflanzen heranziehen.
- **Wurzelstecklinge** kommen bei Balkonblumen nicht vor.

Stecklinge anziehen

Egal, welche Art von Stecklingen Sie abnehmen – die Anzucht ist bei allen gleich:

- Füllen Sie Ihre Anzuchtgefäße mit Aussaaterde oder quellen Sie Torfquelltöpfe auf.
- Schneiden Sie die Stecklinge mit einem scharfen, desinfizierten Messer wie zuvor beschrieben zurecht.
- Bohren Sie mit einem Pikierholz ein Loch in das Substrat.
- Stecken Sie den Steckling bis fast zur Hälfte seiner Länge in das vorgebohrte Loch. So vermeiden Sie Verletzungen der Stecklingsbasis (→ Abb. 2).
- Blattstecklinge kommen leicht schräg ins Substrat. Die Blattspreite sollte fast flach auf dem Substrat anliegen. Ritzen Sie die Blattadern zuvor mit dem Messer etwas ein. An den Einschnitten bilden sich dann neue Wurzeln und Sprosse.

1

Kopfstecklinge schneiden
Schneiden Sie eine kräftigeTriebspitze von 7–10 cm Länge ab. Entfernen Sie Blüten und Blütenansätze und lassen Sie nur die obersten Blätter stehen, damit die Pflanze alle Kraft in die Ausbildung von Wurzeln steckt.

2

Vorsichtig ins Substrat stecken
Stecken Sie den Steckling so tief in das Anzuchtsubstrat, dass 1–2 der ehemaligen Blattansätze von Erde umgeben sind. Hier bilden sich die Wurzeln. Drücken Sie den Steckling leicht fest und gießen Sie ihn vorsichtig an.

3

Luftfeucht soll es sein
Solange der Steckling noch keine Wurzeln hat, über die er Wasser aus dem Substrat aufnimmt, sollten Sie die Luft feucht halten. Decken Sie daher das Anzuchtgefäß mit einer durchsichtigen Haube, einer Glasglocke oder Folie ab.

- Drücken Sie mit Hilfe des Pikierstabs die Erde um den Steckling vorsichtig an.
- Befeuchten Sie das Substrat mit dem Zerstäuber oder gießen Sie vorsichtig mit einem ganz dünnen Strahl um den Steckling herum an.
- Stellen Sie die bepflanzten Töpfchen in eine Anzuchtschale oder ein größeres Plastikgefäß und decken Sie das Ganze ab (→ Abb. 3). Die Stecklinge dürfen die Abdeckung nicht berühren – sonst besteht Fäulnisgefahr.
- Stellen Sie die Stecklinge hell und bodenwarm (18–20 °C) auf. Vermeiden Sie direkte Sonneneinstrahlung, vor allem um die Mittagszeit.
- Damit keine Stauwärme entsteht, sollten Sie täglich einmal die Abdeckung abnehmen.
- Dass die Stecklinge angewurzelt sind, erkennen Sie daran, dass sie neu austreiben.

Ganz einfach: Wurzeln teilen

Mehrjährige Stauden und viele Kräuter können Sie ganz einfach durch Teilen des Wurzelballens vermehren.

- Nehmen Sie die Pflanze im Frühjahr aus dem Topf und lockern Sie den Wurzelballen sachte mit den Fingern auf.
- Reißen Sie den Wurzelballen vorsichtig auseinander oder nehmen Sie ein scharfes Messer zur Hilfe. Jedes Teilstück sollte ausreichend Wurzeln und Triebknospen besitzen.
- Setzen Sie die Teilstücke in neues Substrat und gießen Sie gründlich an.

In die Erde gesenkt

Manche Kletterpflanzen, z. B. Clematis oder Efeu, lassen sich auch ganz gut vermehren, wenn Sie einzelne Triebe herabbiegen und in erdgefüllte Töpfe einsenken.

- Entfernen Sie dort, wo der Trieb in die Erde gesteckt werden soll, die Blätter.
- Legen Sie den abgesenkten Trieb flach auf das Substrat und fixieren Sie ihn mit einem U-förmig gebogenen Drahtstück, damit er sich nicht aus dem Topf lösen kann.
- Ein kleiner Einschnitt in die Rinde fördert die Wurzelbildung dort, wo der Trieb Erdkontakt hat.
- Trennen Sie nach der Wurzelbildung – der Trieb treibt neu aus – die neue Jungpflanze von der Mutterpflanze ab.

› PRAXIS

Vom Pflanzenkind zur Jungpflanze

Ganz gleich, ob Sie über Samen, Stecklinge oder Absenker vermehrt haben – der Nachwuchs braucht Pflege. Nur dann kann er zu einer stattlichen und gesunden Jungpflanze heranwachsen.

Keimen die ersten Samenkörner aus und stehen die Stecklinge auch nach ein paar Tagen noch stramm im Substrat, ist die erste Hürde bei der Pflanzenanzucht genommen.

Das richtige Kleinklima

Als Pflegemaßnahme im Pflanzenkindergarten steht das richtige Kleinklima im Anzuchtgefäß an erster Stelle.

- Kontrollieren Sie regelmäßig die Feuchtigkeit des Substrats und/oder der Torquellltöpfchen. Es darf weder zu feucht noch trocken sein.
- Wenn sich an der Abdeckhaube Kondenswasser bildet, dann lüften Sie. So beugen Sie einem Befall mit Schimmelpilzen vor. Stecken Sie ein Hölzchen zwischen Anzuchtschale und Abdeckhaube. Wenn Sie die Anzuchtgefäße mit Folie überspannt haben, entfernen Sie die Folie, lüften eine halbe Stunde und spannen dann eine neue Folie über das Gefäß.
- Stellen Sie bei starker Sonneneinstrahlung die Anzuchtgefäße vom Fensterbrett weg oder decken Sie sie mit Zeitungspapier ab, um sie vor zu großer Wärme zu schützen.

Es wird eng im Anzuchtgefäß

Wenn die Sämlinge so groß sind, dass sie sich gegenseitig fast berühren, behindern sie sich in der weiteren Entwicklung. Sorgen Sie dafür, dass der einzelne Sämling mehr Platz bekommt.

- Kräftige Sämlinge können Sie vorsichtig aus dem Anzuchtgefäß nehmen und entweder in eine geräumigere Anzuchtschale oder in Einzeltöpfe versetzen. Für größere Mengen sind zusammenhängende Topfplatten (→ Abb. Seite 73) sehr praktisch. In der Gärtnersprache nennt man diesen Vorgang »Pikieren«.
- Mit einem Pikierstäbchen können Sie die Pflänzchen leicht und mit unbeschädigten Wurzeln aus dem Substrat heben (→ Abb. 1). Stechen Sie mit dem Pikierstäbchen im neuen Gefäß ein Loch ins Substrat und setzen Sie das Pflänzchen vorsichtig hinein. Es sollte jetzt etwas tiefer im Substrat stecken als vorher. Drücken Sie die Erde um den Sämling leicht an, damit er einen sicheren Halt hat. Gießen Sie vorsichtig an.
- Bei zarten Sämlingen werden beim Vereinzeln oftmals die Wurzeln geschädigt. Schaffen Sie Platz, indem Sie nur die kräftigsten Pflänzchen im Anzuchtgefäß stehenlassen und die schwächeren herausziehen. Sie haben mit dieser Methode auf jeden Fall weniger Ausfall, als wenn Sie vereinzeln.

1

Der Sämling braucht Platz
Stechen Sie mit dem Pikierstab neben dem Sämling in die Erde. Hebeln Sie den Sämling mitsamt seinen Wurzeln vorsichtig aus dem Substrat und setzen Sie ihn in ein größeres Gefäß um.

- Die Sämlinge benötigen jetzt keine Abdeckung mehr und können auch deutlich kühler (15–18 °C) gehalten werden als in der Keimphase. Das gleiche gilt für angewurzelte Stecklinge, die bereits einen Neuaustrieb zeigen.
- Bei stark wüchsigen Pflanzen kann es nötig werden, sie bis zum Auspflanzen an ihren endgültigen Standort nochmals umzutopfen (→ Abb. 3). Das lohnt sich auf jeden Fall: Durch mehrmaliges Umtopfen wird die Wurzelbildung angeregt. Wählen Sie deshalb auch nie zu große Töpfe, und warten Sie ab, bis der Topf vollkommen durchwurzelt ist, bevor Sie umtopfen. Der neue Topf sollte nur 1–2 cm mehr Durchmesser haben als der alte.

Buschiger Wuchs gewünscht?

Sehr vielen Pflanzen tut es gut, wenn Sie den Haupttrieb ausbrechen oder abschneiden, so dass sich in Folge Seitentriebe bilden. Entspitzen Sie auch diese Seitentriebe, dann entwickelt die Pflanze mit der Zeit eine schöne buschige Wuchsform. Basilikum, Begonie, Buntnessel, Fuchsie, Pelargonie, Sommeraster und Wicke werden durch regelmäßiges Entspitzen der neuen Triebe zu schönen dichten Pflanzen. Beginnen Sie mit dem Entspitzen, wenn die Jungpflänzchen etwa 10 cm hoch sind (→ Abb. 2). Je buschiger die Pflanzen sein sollen, desto öfter sollten Sie die Triebspitzen stutzen und für Verzweigungen sorgen.

JUNGPFLANZEN – GUT AUFGEZOGEN

J	F	M	A	M	J	J	A	S	O	N	D

Zeitbedarf:

wöchentlich ca. 30 Min.

Material:

- Anzuchtschalen, Multitopfplatten, kleine Tontöpfchen, Torfquelltöpfe
- Aussaaterde

Werkzeug, Zubehör:

- Pikierholz
- Messer oder Gartenschere
- Sprühflasche
- Zeitungspapier

2

Entspitzen fördert Verzweigung
Kneifen oder schneiden Sie die Triebspitze oberhalb eines Blattansatzes ab. Jetzt wächst die Pflanze nicht mehr in die Höhe, sondern verzweigt sich. Je öfter Sie die neuen Triebe entspitzen, desto buschiger wird die Pflanze.

3

Umtopfen, wenn's zu eng wird
Manche Jungpflanzen wachsen so gut, dass sie bis zum Auspflanzen auf Balkon und Terrasse nochmals in einen größeren Topf umziehen sollten, damit es den Wurzeln nicht zu eng und das Wachstum nicht gestoppt wird.

4

Vom warmen Zimmer ins Freie
Stellen Sie die behüteten Jungpflanzen nicht Knall auf Fall ins Freie. Gewöhnen Sie sie langsam an die neue Umgebung (→ Seite 81) im Freien. Schützen Sie sie die ersten Tage vor allem vor praller Sonne.

› FRAGE & ANTWORT

Expertentipps rund ums Vermehren

Machen Sie mehr aus Ihren Balkonblumen: Lassen Sie Ihre schönsten Sommerblumen Samen ansetzen und/oder schneiden Sie von Ihren Lieblingspflanzen Stecklinge. Es macht viel Freude zuzusehen, wie aus Sämlingen und Stecklingen vielversprechende Pflanzen heranwachsen.

? Ich möchte gerne von meinen eigenen Balkonblumen Samen abnehmen. Wie muss ich das Saatgut behandeln und aufbewahren, damit ich es im nächsten Jahr verwenden kann?

Wählen Sie von Ihren Balkonblumen die blühfreudigsten und kräftigsten Pflanzen als »Saatgutgeber« aus und lassen Sie einige Blüten Samen ansetzen. Lassen Sie die Samenstände gut ausreifen, ehe Sie sie abschneiden. Damit möglichst wenige Samen bei der Reife verlorengehen, können Sie gegen Ende der Samenreife eine Papiertüte über den betreffenden Samenstand stülpen. Befestigen Sie die Tüte mit Bast vorsichtig am Blütenstängel. Sind die Samen ausgereift, dann schneiden Sie einfach unterhalb der Tüte den Blütenstängel ab und schütteln die Samen vorsichtig in die Tüte. Beschriften Sie die Tüte mit Pflanzenname und Sammeldatum. Bewahren Sie das Saatgut stets kühl, luftig, trocken und dunkel auf.

? Gibt es eine einfache Möglichkeit festzustellen, ob der Samen vom Vorjahr auch ausreichend keimfreudig ist, damit sich eine Aussaat lohnt?

Sie können die Samen einer ganz einfachen Prüfung unterziehen: Geben Sie in eine flache Schale ein Stück Gartenvlies oder Filterpapier. Feuchten Sie die Unterlage gut an und legen Sie ein paar der Samen aus. Decken Sie die Schale mit Folie oder einer Glasplatte ab und stellen Sie sie an einem warmen Ort auf. Kontrollieren Sie alle paar Tage, ob sich etwas tut. Zeigen nach 10 Tagen 50 % der Samen grüne Sprosse, können Sie das Saatgut bedenkenlos verwenden. Sie bekommen ausreichend Nachwuchs. Keimen weniger als 30 % der Samen, sollten Sie besser frisches Saatgut kaufen.

? Meine Samen keimen gut aus. Sobald die Sämlinge jedoch 2–3 cm hoch geworden sind, bekommen sie eine braune Stängelbasis und fallen um. Woran liegt das? Was habe ich falsch gemacht?

Das Umkippen junger Sämlinge ist eine Pilzerkrankung, die zur Fäulnis an der Stängelbasis und zum Umfallen führt. Die Krankheit ist auch unter dem Namen »Umfallkrankheit« bekannt. Sie tritt auf, wenn das Anzuchtsubstrat durch zu starkes Andrücken oder durch zu viel Gießen zu nass ist. Auch eine zu dichte Aussaat kann dieses Phänomen auslösen. In der Regel können Sie nichts mehr tun, wenn die Sämlinge an der Stängelbasis braun geworden oder gar schon umgefallen sind. Verwenden Sie das gebrauchte Anzuchtsubstrat auf keinen Fall ein zweites Mal. Wenn Sie die Anzuchtgefäße mit einer Haube oder Folie abdecken, müssen Sie in der Regel auch nur ganz wenig gießen. Achten Sie darauf, dass sich unter der Abdeckung keine Wassertröpfchen bilden und nehmen Sie die Abdeckung öfter einmal zum Lüften ab.

Ich möchte auf meinem Balkon Salat anbauen und schon frühzeitig ernten können, habe bisher aber immer Pech mit der Vorkultur auf dem Fensterbrett gehabt – der Samen keimt einfach nicht aus. Was mache ich denn falsch?

Dass Ihre Salatsamen auf der Fensterbank nicht auskeimen, liegt wahrscheinlich daran, dass es hier zu warm ist. Im Gegensatz zu vielen Balkonblumen und Gemüsen, mag Salat es zum Auskeimen eher kühl. Bei Temperaturen über 18 °C setzt Salatsamen keimhemmende Stoffe frei, die das Auskeimen erschweren. Stellen Sie die Anzuchtgefäße kühler (10–15 °C), aber hell auf. Nehmen Sie die Abdeckung ab, wenn die Sonne durchs Fenster auf das Anzuchtgefäß scheint, damit keine Stauwärme im Gefäß entsteht.

Auf vielen Samentüten steht »Anzucht unter Glas« oder »warme Vorkultur«. Wir haben kein beheiztes Gewächshaus, können wir diese Samen auch im Zimmer vorziehen?

Mit einem beheizten Gewächshaus haben Sie natürlich die besten Bedingungen, Ihre Balkonblumen beizeiten vorzuziehen. Die Aussaat gelingt aber auch im Haus am Fensterbrett. Voraussetzung ist eine vollsonnige Lage, möglichst an der Südseite des Hauses und eventuell eine Heizung unter dem Fensterbrett. Die Bodenwärme des Anzuchtgefäßes sollte ca. 20 ° C betragen. Bei Fensterbänken aus Stein wird dies in der Regel nicht erreicht. Legen Sie eine Heizmatte, wie sie für Aquarien benutzt wird, unter die Anzuchtgefäße. Mindestens jedoch eine Styropor- oder Korkplatte. Beginnen Sie auch nicht zu früh mit der Aussaat. Erst ab Ende Februar/Anfang März reicht die Lichtintensität, die durchs Fenster dringt, für die Pflanzen aus.

Ich habe Mitte Mai meine Balkonkästen mit selbst vorgezogenen Geranien-Jungpflanzen bestückt. Nach ein paar Tagen begannen die Blätter zu welken und abzufallen, obwohl das Substrat nicht ausgetrocknet war. Mir sind auch keine Schädlinge an den Pflanzen oder auf dem Substrat aufgefallen.

Wahrscheinlich haben Sie die Jungpflanzen an einem sonnigen Tag von ihrem Platz am Fensterbrett genommen und in die Balkonkästen gesetzt. Hinter Glas sind die Pflanzen vor den UV-Strahlen der Sonne geschützt – im Kasten auf Balkon und Terrasse nicht mehr. Sie haben quasi einen Sonnenbrand erlitten. Stellen Sie die Jungpflanzen das nächste Mal zum Abhärten zunächst 3–4 Tage in den lichten Schatten oder schützen Sie sie – vor allem um die Mittagsstunde – mit einer Abdeckung aus Zeitungspapier (→ Abb. Seite 35).

Ich habe gelesen, dass Stecklinge auch im Wasser Wurzeln treiben. Geht das auch mit Balkonblumen?

Die Bewurzelung im Wasser und nicht in Anzuchterde gelingt recht gut bei Buntnessel, Fleißigem Lieschen und Efeu. Bei allen anderen Balkonblumen sollten Sie mit einigen wenigen Kopfstecklingen einfach einen Versuch wagen. Damit die Stecklinge nicht zu tief im Wasser stehen und dann eventuell faulen, sollten Sie eine Folie über das mit Wasser gefüllte Gefäß spannen. Machen Sie in die Folie kleine Schlitze mit einem scharfen Messer. Stecken Sie die Stecklinge so durch die Schlitze, dass das Schnittende etwa 2 cm tief im Wasser steht.
Erneuern Sie zwischendurch immer wieder das Wasser. Sie können auch ein kleines Stück Kohle ins Wasser geben. Das verhindert Fäulnis und fördert das Wachstum der zarten Würzelchen. Setzen Sie die Stecklinge sobald sie Wurzeln gebildet haben zur Weiterkultur in Torfquelltöpfchen oder kleine, mit Anzuchterde gefüllte Ton- oder Jiffy-Töpfchen.

Wie kann ich feststellen, ob meine Stecklinge Wurzeln ausgebildet haben?

Lassen Sie den Stecklingen ausreichend Zeit, um sich zu bewurzeln. In den Wintermonaten wird das etwas länger dauern als im Sommer.
Solange der Steckling aufrecht im Anzuchtgefäß steht und keine dunklen Verfärbungen zeigt, ist alles in Ordnung. Welkt er aber trotz feuchtem (nicht nassem!) Substrat, dann ziehen Sie ihn vorsichtig heraus und sehen Sie sich die Schnittstelle genau an. Ist sie schwarz oder braun oder gar eingetrocknet, können Sie davon ausgehen, dass der Steckling keine Wurzeln mehr ausbilden wird. Die Ausbildung neuer Blättchen ist ein sicheres Anzeichen dafür, dass der Steckling ausreichend Wurzeln gebildet hat.

Gut durch den Winter

Die ersten Nebelschwaden kündigen den Spätherbst an. Jetzt wird es langsam Zeit, sich Gedanken zu machen, wie all die schönen Pflanzen auf Balkon und Terrasse die kalte Jahreszeit heil überstehen. Welche Pflanzen können im Freien überwintern? Welche müssen ins Haus geholt werden?

Die Hauptsaison auf Balkon und Terrasse ist vorüber. Die Tage werden kürzer, die Abende kühler. Die typischen Sommerblumen wie Fleißiges Lieschen, Mittagsblume, Ziertabak, Petunie oder Verbene haben sich schon verabschiedet. Geranien und Fuchsien geben ihr Letztes. Füllen Sie entstehende »Lücken« in der Bepflanzung mit farbenprächtigen Herbstpflanzen wie Chrysanthemen, Erika oder Zierkohl auf. Jetzt haben auch die immergrünen Balkonpflanzen und Topfgehölze ihren Auftritt: Buchs, Lorbeerkirsche und Nadelgehölze zieren mit ihrem unterschiedlichen Laub auch während der kalten Jahreszeit Kästen und Töpfe. Die Früchte und Blüten von Mispel, Scheinbeere, Skimmie oder Topfmyrte bringen oftmals bis weit in den Winter hinein noch Farbe auf Balkon und Terrasse. Der Abschied von der Freiluftsaison naht. Es wird Zeit, den Freisitz winterfest zu machen.

Fit für den Winter

Für die sommerblühenden Balkonblumen ist die Saison beendet. Ein Überwintern lohnt sich für die meisten Arten nicht. Sie werden in der Regel einjährig gehalten und für die neue Saison im zeitigen Frühjahr wieder angezogen (→ Seite 74/75). Einige Sommerblumen, z. B. Fuchsien, Geranien, Harfenstrauch, Strauchmargeriten oder Wandelröschen, können aber auch im Haus überwintert werden (→ Seite 86/87). Und von vielen Pflanzen können Sie im Spätsommer und Herbst Stecklinge abnehmen. Sie bewurzeln sich über den Winter im Warmen und wachsen bis zum Frühjahr zu kräftigen Jungpflanzen heran (→ Seite 76/77).
Bevor die Temperaturen unter den Nullpunkt sinken, sollten die frostempfindlichen Topfpflanzen eingeräumt werden. Winterharte Gehölze und Stauden bleiben draußen. Sie benötigen bei besonders tiefen Temperaturen – anders als Gartenpflanzen – aber auch einen Winterschutz (→ Seite 90/91), da sie ja nur einen begrenzten Wurzelraum in Topf oder Kasten haben.

Mit Früchten (oben) und dekorativem Winterschutz (rechts) sehen Balkon und Terrasse auch im Winter nicht trist aus.

PRAXIS

Nachtfrost ist angesagt – das Überwintern beginnt

Sinken die Nachttemperaturen unter 5 °C, ist es an der Zeit, besonders empfindliche Balkonblumen einzuräumen und Balkon und Terrasse für den Winter vorzubereiten. Sind Sie schon gerüstet?

Rechtzeitig und gut vorbereitet, können Sie den ersten Nachtfrösten getrost entgegensehen. Verlassen Sie sich nicht allein auf die überregionalen Wettervorhersagen. Hängen Sie auf der Schattenseite Ihres Balkons oder Ihrer Terrasse in Bodennähe ein eigenes Thermometer auf (nicht an der Hauswand!) und beobachten Sie vor allem die Nachttemperaturen.Welche Ihrer Balkonblumen reagieren am empfindlichsten auf Kälte und sollten daher frühzeitig ins Haus eingeräumt werden? Brauchen die Pflanzen einen hellen oder dunklen Überwinterungsplatz? Wie hoch dürfen die Temperaturen sein?

Denken Sie an Ihren Rücken: Verwenden Sie zum Einräumen großer Pflanzen eine Sackkarre.

Bei Zeiten auf den Winter vorbereiten

Die gute Vorbereitung der Balkonblumen auf den kommenden Winter beginnt schon im Sommer:

- Verringern Sie ab **Mitte August** die Düngermenge und ab September auch die Wassergaben. Durch diese Maßnahmen können die Triebe ausreifen, statt weiter zu wachsen und neue Blätter zu bilden.
- Schneiden Sie ab **September** Blüten und Knospen aus, damit die Pflanze ihre Kraft in den Triebabschluss steckt und nicht in die Ausbildung weiterer Blüten oder gar Samen.
- Richten Sie ab **Mitte Oktober** das Winterquartier ein. Sollten die Fenster noch geputzt werden, damit der Lichteinfall besser ist? Haben Sie genügend Stellfläche für alle Wintergäste, und zwar so, dass alle genügend Licht bekommen? Wenn nicht, sorgen Sie mit Tischen, Regalen oder Leitern für mehr Stellfläche. Töpfe, die auf dem Fußboden stehen, weden von unten her mit Styropor oder Kanthölzern gegen Bodenkälte geschützt.
- Besorgen Sie sich bis spätestens **Ende Oktober** für Pflanzen, die draußen überwintern können (→ Seite 90/91), entsprechendes Winterschutzmaterial (Bast-, Stroh- oder Kokosmatten, Noppenfolie, Styropor, Holzwolle etc.) oder holen Sie das alte vom Vorjahr wieder hervor. Ist das Material noch brauchbar und sauber?
- Lassen Sie Balkonblumen, die im Haus überwintert werden müssen, so lange wie möglich im Freien. Temperaturen um 0 °C vertragen die meisten zu überwinternden Pflanzen, das härtet sie sogar ab. Wer die Pflanzen zu früh einräumt läuft Gefahr, dass sie verweichlichen und anfällig für Krankheiten und Schädlinge werden.

Wohin mit Fuchsie, Geranie und Co?

Das Winterquartier entscheidet, wie gut Ihre Pflanzen die kalte Jahreszeit überstehen.

Hell und kühl sowie ausreichend Platz: Das sind ideale Bedingungen zum Überwintern Ihrer Balkonblumen im Haus. Diese Pflanzen überwintern im selten genutzten Gästezimmer.

Mit einem heizbaren Gewächshaus oder einem Wintergarten sind alle Überwinterungsprobleme gelöst – aber wer hat das schon. Zum Überwintern eignen sich aber auch Kellerräume mit Fenster, eine frostfreie Garage oder das Treppenhaus. In einem Gästezimmer, das nur ab und an genutzt wird, können Pflanzen untergebracht werden, die es gerne hell und wärmer (10–15 °C) haben wollen, z. B. Hibiskus, Duft- und Wildpelargonien.

▪ Für die meisten Balkonblumen ist ein kühler Platz, an dem die Temperaturen zwischen 3 und 12 °C liegen, gut geeignet. Ausschlaggebend ist nicht die Lufttemperatur des Raumes, sondern der Messwert im Wurzelbereich. Erwärmt sich der Überwinterungsplatz an sonnigen und warmen Wintertagen kurzfristig, dann macht das den Pflanzen nichts aus. Halten die höheren Temperaturen (um 15 °C) länger an, dann treiben die Pflanzen wieder aus.

▪ Fast alle Balkonblumen stehen auch im Winterquartier lieber hell als dunkel. Rosmarin, Strauchmargeriten und immergrüne Pflanzen brauchen einen ganz hellen Standort. Sie sollten am besten direkt vor großen Fenstern stehen. Arten, die im Winter ihr Laub abwerfen wie Fuchsie, Hortensie und Wandelröschen können auch dunkel untergebracht werden. Generell gilt: Je wärmer der Raum, desto heller sollte er sein.

Schneiden oder nicht schneiden?

Ob Sie Ihre Balkonblumen vor dem Einräumen zurückschneiden oder erst im Frühjahr, ist meist eine Frage des Platzangebotes im Winterquartier: Zurückgeschnittene Pflanzen beanspruchen weniger Platz. Die

Verdunstung ist geringer, sie brauchen also weniger Wasser und auch der Lichtmangel im Haus macht bei geringerer Blattmasse weniger zu schaffen. Nachteil: Im Winterquartier drosseln die Pflanzen ihre Aktivität, die Schnittstellen heilen langsamer als im Frühjahr. Manchmal sterben die Triebe unterhalb der Schnittstelle auch noch weiter ab. Sie müssen dann im Frühjahr nachgeschnitten werden.
Wenn Sie viel Platz für Ihre Wintergäste haben, dann sollten Sie den Rückschnitt erst im Frühjahr vornehmen und vor dem Einräumen nur besonders ausladende Kronen etwas zurückschneiden.

Gesund und sauber ins Winterquartier

- Räumen Sie nur kräftige und gesunde Pflanzen ein. Schwache Pflanzen überstehen in der Regel die Überwinterung im Haus oder im Freien nicht.
- Entfernen Sie alle gelben oder beschädigten Blätter und eingetrocknete oder beschädigte Triebe. Sie sind nur Herd für Krankheiten und Schädlinge.
- Kontrollieren Sie sorgfältig, ob irgendwelche Krankheitsanzeichen oder Schädlingsbefall vorhanden sind. Nehmen Sie eine Lupe zu Hilfe, um ganz genau nach den Plagegeistern Ausschau zu halten. Sehen Sie sich auch die Blattunterseiten genau an. Räumen Sie die Pflanzen erst dann ins Haus, wenn Sie einen Befall sicher ausschließen können. Nur zu schnell breiten sich Krankheiten und Schädlinge im warmen Winterquartier wieder aus und befallen dann oft auch noch andere Pflanzen.
- Sehen Sie sich auch Pflanzsubstrat und Pflanzgefäß ganz genau an. Schnecken verkriechen sich gerne in oder unter Kästen und Töpfen, um ihre Eier abzulegen oder dort zu überwintern. Eine einzige übersehene Schnecke oder ein Gelege können im Winterquartier großen Schaden anrichten!
- Entfernen Sie eventuellen Algenbelag von den Gefäßen.

Machen Sie sich das Einräumen leichter

Große Pflanzen sind schwer und oftmals unhandlich. Erleichtern Sie sich die Arbeit, und schonen Sie vor allem Ihren Rücken.

- Am einfachsten geht das Einräumen schwerer Gefäße natürlich zu zweit und mit Hilfe eines Tragegurtes.
- Mit einer Sackkarre (→ Abb. Seite 84) können Sie die Gefäße nicht nur einfach auf der Ebene bewegen, sie eignet sich auch zum Überwinden von Treppenstufen. Binden Sie das Pflanzgefäß mit einem Gurt an der Sackkarre fest, damit es beim Transport nicht kippt. Kleinere Gefäße können Sie in einen großen Karton oder eine Obstkiste zusammenstellen und dann auch mit der Sackkarre befördern. Das erspart häufiges Hin- und Hergehen.
- Auf ebenen Flächen sind Untersetzer mit Rollen eine große Hilfe. Achten Sie darauf, dass die Rollen für das Topfgewicht geeignet und nicht zu klein sind.
- Binden Sie bei ausladenden Pflanzen zum Transport die Zweige mit einer Schnur zusammen, dann brechen nicht unnötig Triebe ab. Die Pflanze passt auch problemloser durch den Türrahmen.

Praxisinfo

WAS TUN MIT DEM MINI-TEICH IM WINTER?

- Mini-Teiche können Sie in einem kühlen (5–10 °C), hellen Raum überwintern. Größere Gefäße sollten Sie zum Transport entleeren und im Haus wieder einräumen.
- Einheimische Sumpf- und Wasserpflanzen können mit Winterschutz (→ Seite 90/91) im Freien bleiben.
- Sobald die Nachttemperaturen unter 5 °C sinken, brauchen tropische Wasserpflanzen einen warmen, hellen Platz. Stellen Sie die Pflanzen aus dem Mini-Teich in eine mit Wasser gefüllte Schale aufs Fensterbrett.

Wer überwintert wie?

Ob Sie Ihre Balkonblumen geschnitten oder ungeschnitten, als Mutterpflanze oder in Form vieler Stecklinge überwintern, hängt in erster Linie davon ab, wie viel Platz Sie für die Pflanzen im Haus haben.

- **Geranien** können Sie kühl (4–10 °C) und hell auf verschiedene Weise überwintern: sauber ausgeputzt in ihren Pflanzgefäßen; in Form von Stecklingen (→ Abb. 1); umgesetzt in Einzeltöpfe (→ Abb. 2) oder aus den Kästen und Töpfen genommen und in Zeitungspapier eingewickelt zu mehreren in einem Karton oder einer Schüssel (→ Abb. 3).
- **Dahlien** können Sie im Topf überwintern. Schneiden Sie die verwelkten Pflanzenteile bis auf 5 cm Stiel ab und bringen Sie die gut abgetrockneten Pflanztöpfe in einem frostfreien Raum (5–10 °C) unter.
- **Knollenbegonien** werden erst nach den ersten Nachtfrösten ins Haus geholt. Nehmen Sie die Knollen aus der Erde und schneiden Sie die Stängel bis auf 3 cm ab. Säubern Sie die Knollen von Erdresten und lagern Sie sie dunkel, trocken und luftig bei 5–10 °C.
- **Fuchsien** sind auch in winterharten Sorten erhältlich, die mit Wurzelschutz (→ Seite 90/91) im Freien bleiben können. Frostempfindliche Sorten werden um etwa ein Drittel zurückgeschnitten, am besten auch noch die Blätter entfernt, und dunkel, bei 2–8 °C überwintert.
- **Immergrüne Kräuter** wie Rosmarin, Salbei oder Thymian im Topf brauchen einen dicken Winterschutz (→ Seite 90/91). Am besten werden sie aber im Haus überwintert – sehr hell bei 5–10 °C.

1

Platzsparende Stecklinge
Im August geschnittene Geranien-Stecklinge bewurzeln sich noch im Spätsommer. Auf der Fensterbank aufgestellt, können Sie statt einer Mutterpflanze 4–5 Jungpflanzen unterbringen.

2

Überwintern im Einzeltopf
Nehmen Sie kräftige und gesunde Geranien aus dem Kasten. Kürzen Sie die Wurzeln etwas ein. Setzen Sie die Pflanzen einzeln in Töpfe und stellen Sie sie auf einer hellen Fensterbank auf.

3

Gut eingewickelt
Topfen Sie Ihre Geranien aus. Entfernen Sie welke Pflanzenteile und wickeln Sie die Pflanzen einzeln fest in Zeitungspapier ein. Stellen Sie mehrere Pflanzen zusammen in eine Schüssel.

PRAXIS

Wintergäste im Haus gut versorgen

Die meisten Balkonblumen reduzieren in der kalten, dunklen Jahreszeit ihren Stoffwechsel und legen eine Ruhepause ein. Sehr viel mehr als eine regelmäßige Kontrolle brauchen die Überwinterungsgäste von November bis Februar daher nicht.

Während der winterlichen Ruhezeit im Haus brauchen Ihre Balkonblumen bis zum Beginn des Frühjahrs kaum Pflege, vor allem, wenn sie kühl und dunkel untergebracht sind. Je wärmer das Winterquartier ist, desto öfter sollten Sie nach Ihren Pflanzen schauen. Inspizieren Sie auf jeden Fall einmal wöchentlich Pflanzen und Winterquartier. Achten Sie auf die Substratfeuchte, auf gelbe und welke Blätter sowie auf Schädlinge und den Gesundheitszustand der Pflan-

1

Gießen im Winterquartier?
Halten Sie das Substrat im Winter lieber etwas trockener als zu feucht. Gießen Sie alle 14 Tage, aber nur wenig und immer nur direkt auf das Substrat. Das Substrat sollte zwischen jedem Gießgang gut abtrocknen.

2

Sauberkeit hält gesund
Entfernen Sie regelmäßig welkendes Laub von den Pflanzen. Auch abgefallene Blätter sollten nicht lange auf der Erde oder rund um die Pflanzen liegen bleiben. Hier können sich leicht Schädlinge verstecken.

3

Auf Schädlinge achten
Untersuchen Sie einmal in der Woche alle Pflanzen gründlich auf Schädlingsbefall oder Krankheitsanzeichen. Nehmen Sie dazu am besten eine Lupe zur Hand und sehen Sie sich auch die Blattunterseiten genau an.

zen. Schließen die Fenster auch dicht? Hat sich die Temperatur verändert? Ist die Luft abgestanden und stickig?

Kleines Winter-Pflegeprogramm

- Je wärmer und heller eine Pflanze steht und je mehr Blätter sie hat, desto mehr **Wasser** verbraucht sie. Generell brauchen Pflanzen im Winterquartier aber nur wenig Wasser (→ Abb. 1). Verwenden Sie im Winterquartier keine Übertöpfe sondern nur Untersetzer. Gießen Sie überschüssiges Gießwasser sofort weg.
- Das **Düngen** fällt im kühlen Winterquartier bis März aus. Im warmen Zimmer oder im Wintergarten haben die Pflanzen keine strenge Ruhezeit. Sie sollten einmal im Monat mit Flüssigdünger im Gießwasser versorgt werden.
- **Welkes Laub, abgestorbene und weiche Triebe** sind willkommene Eintrittspforten für Pilze und andere Krankheitskeime und schwächen die Pflanze unnötig. Entfernen Sie welke und beschädigte Pflanzenteile möglichst umgehend (→ Abb. 2).
- Sobald Sie einen **Schädlings- oder Krankheitsbefall** an Ihren Pflanzen erkennen, sollten Sie handeln (→ Abb. 3). Im Winterquartier haben Schädlinge und Krankheitserreger beste Bedingungen.
- Kontrollieren Sie auch immer wieder einmal, ob Fenster und Türen dicht schließen und keine **kalte Zugluft** eindringt.

Praxisinfo

GEBEN SIE IHRE PFLANZEN IN PENSION

- Warum die Winterpflege nicht den Profis überlassen? Viele Gärtnereien bieten einen Winterpflege-Service für Balkonblumen an. Beim Gärtner haben die Pflanzen ein optimales Winterquartier und eine fachkundige Pflege.
- Sie bringen Ihre Pflanzen im Oktober vorbei, um den Rest kümmern sich die Gärtner. Mitte Mai können Sie Ihre Schätze gut gepflegt wieder abholen.
- Die Kosten lohnen sich, denn die Pflanzen gehen gesund und kräftig in die neue Saison.

- Öffnen Sie an milden Wintertagen um die Mittagszeit für wenige Minuten die Fenster und **lüften** Sie das Winterquartier gut durch. Das beugt Pilzbefall vor.
- Legen Sie ein Thermometer auf den Boden. Unterlegen Sie die Pflanztöpfe mit Zeitungspapier, Styropor oder Kanthölzern, wenn die **Bodenwärme** unter 2 °C abfällt.
- Achten Sie darauf, dass die **Wasserpflanzen im Winterquartier** nicht austrocknen. Sobald sich das Wasser in den Gefäßen grünlich verfärbt oder leicht zu riechen beginnt, sollten Sie es auswechseln.

Die Winterpause geht ihrem Ende zu

Ab Februar beginnt der Start in die neue Saison. Jetzt sollten Sie Ihre Pflanzen zurückschneiden – sofern Sie das noch nicht beim Einräumen getan haben.

- Entfernen Sie beim Rückschnitt alle kreuz und quer wachsenden, beschädigten und schwachen Triebe. Lassen Sie nur kräftige, nach außen wachsende Triebe an der Pflanze, kürzen Sie aber auch diese um ein Drittel ein. Schneiden Sie immer knapp oberhalb eines Blattpaares.
- Topfen Sie die Pflanzen nach dem Rückschnitt in größere Gefäße (etwa 2–3 cm Durchmesser mehr als vorher) mit neuem Substrat um.
- Beginnen Sie 4–5 Wochen später mit dem regelmäßigen Düngen (→ Seite 56/57).
- Stellen Sie Pflanzen, die bisher dunkel und kühl gehalten wurden, in einen helleren und wärmeren (10–15 °C) Raum. Halten Sie das Substrat nun auch wieder feuchter.
- Wenn es ab Mitte März wieder wärmer ist, sollten Sie Ihre Balkonblumen langsam ans Freie gewöhnen. Stellen Sie sie über die Mittagszeit an einen schattigen Platz auf Balkon oder Terrasse. Die Mühe lohnt sich: Das Lichtangebot ist im Freien auch im Schatten höher als in der Wohnung. Die frische Luft tut den Pflanzen gut.

› PRAXIS

Geben Sie dem Frost keine Chance

Gehölze, Stauden, Zweijährige und Zwiebelblumen können im Winter draußen bleiben. Gut geschützt bringen Sie die Pflanzen auch bei strengem Frost sicher durch die kalte Jahreszeit.

Im Topf sind winterharte Pflanzen anfälliger als ausgepflanzt im Gartenboden. Der Frost kommt nicht nur von oben, sondern von allen Seiten. Die Pflanzen – vor allem aber die Wurzelballen – brauchen daher Schutz.

Schon im August an den Winter denken

Bereiten Sie auch Ihre winterharten Pflanzen gut auf die kalte Jahreszeit vor.

- Reduzieren Sie ab August die Düngergaben um die Hälfte. Verwenden Sie ab jetzt einen Kalium reichen Dünger. Er regt zur Aushärtung der Triebe an und erhöht damit die Frosthärte der Pflanzen.
- Kürzen Sie bis Mitte September die Triebe Ihrer Gehölze etwa um ein Drittel ein.
- Schneiden Sie Anfang Oktober die krautigen Stauden und Kräuter bis kurz über dem Substrat zurück.
- Schützen Sie die Pflanzen vor Herbstregen, damit Substrat und Wurzelballen nicht vernässen. Die Pflanzen sollten relativ trocken in die kalte Jahreszeit gehen. Sind die Wasserabzugslöcher frei?

Gut verpackt

Rücken Sie – wenn möglich – alle im Freien bleibenden Pflanzen erst einmal zusammen an die Hauswand. Hier »wärmen« sich die Pflanzen gegenseitig und sind vor Regen und Wintersonne geschützt. Die Mauer nimmt tagsüber Wärme auf und gibt sie nachts langsam wieder ab. Bei großer Kälte sollten Sie die Pflanzen noch mit Bastmatten oder Noppenfolie schützen.

- Bei allen winterharten Pflanzen sind die Wurzeln der empfindlichste Pflanzenteil. Stellen Sie die Töpfe zum Schutz gegen Bodenkälte auf Styropor- oder Holzunterlagen.
- Sie können die Pflanzgefäße auch in mit trockenem Laub, Kokosfasern oder Stroh gefüllte Körbe, Jutesäcke oder Eimer stellen (→ Abb. 2).
- Aus Maschendraht können Sie ganz individuelle Behälter formen, die Isoliermaterial und Pflanzgefäße aufnehmen.
- Oder Sie wickeln die Pflanzgefäße mit Vlies, Noppenfolie, Wolldecken, Kokosmatten oder Reisig ein.
- Verschnüren Sie die Isolierungsschicht gut mit Bast oder

Tipp

HIER HILFT NUR NOCH EIN TAUCHBAD

Vergessen Sie auch im Winter das Gießen nicht. Durch den hohen Torfanteil im Pflanzsubstrat trocknen vor allem Heidekraut-Töpfe sehr rasch aus. Tauchen Sie die Pflanze samt Topf am besten so lange in einen Eimer mit lauwarmem Wasser, bis keine Luftbläschen mehr aufsteigen – jetzt ist das Substrat gesättigt.

1

Die ersten kalten Nächte
Wenn die Nachttemperaturen unter 0 °C sinken, sollten Sie Ihre Herbstblüher abends in Vlies oder Zeitungspapier einhüllen. Vor Morgensonne geschützt, haben gefrorene Blüten Zeit, langsam wieder aufzutauen.

2

Warme Füsse
Mit Stroh oder trockenem Laub ausgefütterte Jutesäcke bilden eine gute Isolierschicht um den Pflanztopf herum und schützen den Wurzelballen vor starkem Frost. Gegen Bodenkälte helfen untergelegte Styroporplatten.

3

Gut geschützt von allen Seiten
Rosen wollen nicht nur einen gut geschützten Wurzelballen. Sie brauchen einen wärmenden Mantel um ihre Triebe, vor allem um die Veredelungsstelle herum. Decken Sie auch das Substrat mit Laub oder Fichtenreisig ab.

Schnur. Mit bunten Schnüren und großen Schleifen haben Sie gleichzeitig eine schöne Dekoration (→ Abb. Seite 83).

- Decken Sie bei empfindlicheren Pflanzen, z. B. Rosen, auch die Substratoberfläche ab (→ Abb. 3). Verwenden Sie hierzu aber nur Luft durchlässige Materialien – am besten Laub oder Fichtenreisig – sonst ersticken die Wurzeln.
- Wenn es über längere Zeit bitterkalt werden sollte (unter 10 °C), dann sollten Sie auch die oberirdischen Teile ihrer Pflanzen schützen. Decken Sie niedere Pflanzen einfach mit einem darüber gestülpten Topf oder »Mützen« aus Jute oder Kokosmatten ab. Nehmen Sie die Abdeckungen an wärmeren Tagen wieder ab, damit die Pflanzen wieder genügend Licht bekommen. Wickeln Sie größere Pflanzen in luftdurchlässiges Isoliermaterial ein – aber nicht zu fest – sie müssen noch ausreichend frische Luft bekommen.

Wer braucht welchen Winterschutz?

- **Zwiebelblumen** macht Frost in der Regel nichts aus. Sie können die Pflanzgefäße zur Sicherheit aber isolieren. Gefährlich wird den Zwiebeln eher zu viel Nässe. Stellen Sie die Gefäße regengeschützt auf. Prüfen Sie immer wieder einmal das Substrat. Ist es nass, dann faulen die Zwiebeln.
- **Stauden** und **Gräser** sind ebenfalls recht unempfindlich gegen Frost. Hier reicht es aus, die Wurzeln warm zu halten. Achten Sie auch hier auf eine leichte Substratfeuchte.
- **Kletterpflanzen** benötigen einen Wurzelschutz. Mit Fichtenreisig oder einer Schilfmatte schützen Sie die Pflanze vor dem Auf und Ab von Frost und Wintersonne. Gießen Sie an frostfreien Tagen mit lauwarmem Wasser.
- **Immergrüne** benötigen auch nur einen guten Wurzelschutz. Sie reagieren allerdings sehr empfindlich auf Trockenheit (→ Seite 92). Prüfen Sie immer wieder einmal die Substratfeuchte und gießen Sie an frostfreien Tagen.
- **Winterharte Wasserpflanzen** können in frostfesten Gefäßen mit nur ganz wenig Wasser überwintern. Wickeln Sie das Gefäß gut mit Noppenfolie ein, dann friert es nicht durch.

› FRAGE & ANTWORT

Expertentipps rund ums Überwintern

Manche Balkonschätze halten länger durch als eine kurze Sommersaison. Wer diese Pflanzen richtig überwintert, kann im Frühling auf dem Balkon wieder voll durchstarten. Kleine Tricks für den grünen Daumen helfen den Pflanzen über die unfreundliche Jahreszeit.

? Ich habe meine Geranien in ihren Kästen im Keller am Fenster bei etwa 15 °C überwintert. Im Frühjahr haben die Pflanzen überlange, helle Triebe gebildet. Was soll ich mit diesen »unnormalen« Trieben nun tun?

Dieses Phänomen ist leider nicht selten. Wenn es im Frühjahr wärmer und der Tag wieder länger wird, setzt auch das normale Wachstum der Überwinterungsgäste wieder ein. Oftmals bilden sich statt kräftiger Triebe und saftig grüner Blätter aber überlange, dünne Triebe (→ Seite 67), die kaum grünen Blattfarbstoff enthalten. Ursache für solche »Geiltriebe« sind meist zu hohe Temperaturen bei zu wenig Licht. Die Triebe entwickeln sich nicht mehr besser und werden auch leicht von Blattläusen befallen. Schneiden Sie sie deshalb ab. Stellen Sie Ihre Geranien an einen helleren Platz. Sie werden sehen, es bilden sich bald ganz normale, dunkelgrüne Triebe.

? Wir haben mehrere große Buchsbäumchen auf unserer Terrasse stehen. Jetzt hängen die Blätter schlaff und welk an den Trieben. Sind die Pflanzen erfroren? Hätten wir sie einräumen sollen?

Buchs gehört zu den immergrünen, recht robusten Gehölzen, die den Winter gut im Freien verbringen können, und nur in extrem kalten Regionen einen Winterschutz benötigen. Ihr Buchs ist wahrscheinlich nicht erfroren, sondern vertrocknet! Bei Dauerfrost ist der Boden im Kübel genau so gefroren wie das Laub. An sonnigen Wintertagen tauen die kleinen grünen Blättchen jedoch auf und verdunsten Wasser, das die Wurzeln aus dem gefrorenen Boden aber nicht nachliefern können. Die Blättchen vertrocknen – in Extremfällen sogar die ganze Pflanze. Schützen Sie den Wurzelbereich mit einer Isolierschicht (→ Abb.3, Seite 91), damit das Substrat nicht durchfriert. Rücken Sie die Pflanzgefäße mit dem Buchs am besten in die Nähe der Hauswand, so dass sie an sonnigen Wintertagen nicht direkt den wärmenden Sonnenstrahlen ausgesetzt sind oder decken Sie die Pflanzen bei Dauerfrost und Sonnenschein mit einem speziellen Schattiergewebe oder weißem Vlies ab. Die lichtdurchlässige Hülle mildert die Kraft der Sonnenstrahlen. Folie eignet sich nicht, da sie keine Luft durchlässt und es den Pflanzen darunter sehr schnell viel zu warm wird. Gießen Sie immergrüne Pflanzen gründlich, sobald der Boden nicht mehr gefroren ist.

? Ich lese immer wieder, dass sehr viele Balkonblumen mehrjährig sind, aber nur einjährig kultiviert werden. Kann man diese Balkonblumen nicht auch überwintern?

Viele Balkonblumen sind tatsächlich von Natur aus mehrjährig. Bei vielen von ihnen lohnt eine Überwinterung aber nicht, weil sie im nächsten Jahr nur spärlich blühen. Wenn Sie genügend Platz zum Überwintern und Spaß am Probieren haben, dann versuchen Sie aber einmal Pflanzen wie Leberbalsam, Goldtaler, Mittagsgold oder Rosenkelch zu überwintern. Schneiden Sie die Pflanzen um ein Drittel zurück und stellen Sie sie hell bei ca. 5–10 °C auf. Gießen Sie nur ganz selten, lassen Sie aber den Wurzelballen nicht vollkommen austrocknen. Schneiden Sie im März/April die Pflanzen nochmals um ein Drittel zurück und entfernen Sie alles Vertrocknete. Topfen Sie die Pflanzen in neues Substrat und einen etwas größeren Topf. Halten Sie das Substrat nun regelmäßig feucht.

? **Ich habe in diesem Jahr das erste Mal Rosen in Töpfen auf meiner Terrasse. Wie und wo überwintere ich die Pflanzen richtig? Kann ich sie einfach an die Hauswand rücken?**

Die Gefäße mit den Rosen dürfen im Winter nicht durchfrieren. Wenn Sie eine Terrasse haben, dann haben Sie sicherlich auch einen Garten. Setzen Sie die Töpfe mit den Rosen einfach in den Gartenboden ein und decken Sie sie leicht mit Fichtenreisig ab.
Geht das nicht, dann packen Sie die Töpfe zusammen in eine große Kiste oder Wanne. Legen Sie zuunterst eine dicke Styroporplatte ein. Darauf kommt eine ca. 3 cm dicke Drainageschicht aus Kies oder Blähton. Darauf stellen Sie dann Ihre Rosentöpfe. Füllen Sie die Zwischenräume mit Styroporflocken, Holzwolle oder Stroh. Decken Sie das Ganze dann mit Fichtenreisig ab. Achten Sie darauf, dass die Wurzelballen nicht völlig austrocknen.

? **Wir haben unsere Freude an Dahlien entdeckt und zahlreiche Töpfe mit den verschiedensten Arten und Sorten auf unserer Terrasse stehen. Leider haben wir nicht viel Platz, all die Gefäße im Keller unterzubringen. Können wir die Knollen aus den Töpfen nehmen?**

Sie können Dahlien im Topf überwintern (→ Seite 87), müssen aber nicht. Nehmen Sie nach dem ersten Frost die Pflanzen aus dem Topf und schneiden Sie die Stängel auf etwa 5 cm ab. Schütteln Sie anhängende Erde gut ab. In den hohlen Stängeln bleibt oftmals Feuchtigkeit zurück. Legen Sie daher die Knollen zum Trocknen so auf einen Rost oder groben Maschendraht, dass die Stängel nach unten zeigen.
Zum Lagern eignen sich mit Torf gefüllte Obststeigen, die sich gut stapeln lassen. Stecken Sie die Knollen so in den Torf, dass die Stängelansätze herausschauen. Stellen Sie die Obststeigen an einen kühlen, dunklen Ort. Kontrollieren Sie die Knollen regelmäßig. Sollten sie schrumpfen, dann liegen sie zu trocken. Feuchten Sie den Torf mit dem Zerstäuber an. Faulen die Knollen, ist es zu nass. Nehmen Sie in dem Fall die Knollen heraus und betten Sie sie in trockenen Torf ein.

? **Für die Frühjahrspflanzung habe ich im Sommer Vergissmeinnicht und Maßliebchen ausgesät. Die Pflanzen haben schöne Blattrosetten ausgebildet. Ich habe Sie schon in die entsprechenden Schalen eingesetzt. Brauchen die Pflanzen einen Winterschutz?**

Zweijährige Pflanzen sind grundsätzlich winterhart und brauchen keinen besonderen Schutz. Wenn Sie sie jetzt an ihren endgültigen Standort gepflanzt haben, können sie bis zu Beginn der Frostperiode auch noch gut einwachsen. Vergissmeinnicht haben mit Kälte kein Problem, Maßliebchen sind etwas empfindlicher. Wenn Sie die jungen Pflanzen mit Fichtenreisig abdecken, haben Sie aber die Gewähr, dass auch sie bei länger anhaltender, strenger Kälte den Winter gut überstehen.

? **Unsere beiden Harfensträucher auf dem Balkon strotzen jetzt im Oktober noch vor Vitalität. Sie sind viel zu schade zum Wegwerfen. Können wir die Pflanzen über Winter nicht einfach im Zimmer auf der Fensterbank halten?**

Der Harfenstrauch ist ein mehrjähriger Halbstrauch, der ohne weiteres überwintert werden kann. Holen Sie die beiden Töpfe vor den ersten Nachtfrösten ins Haus. Wahrscheinlich werden Sie die Triebe etwas zurückschneiden müssen, damit sie nicht bis auf den Boden herunterhängen. Stellen Sie die beiden Töpfe auf eine helle Fensterbank. Die Raumtemperatur sollte nicht zu hoch sein, günstig sind 13–18 °C. Halten Sie das Substrat verhältnismäßig trocken. Versuchen Sie, ob Sie aus den abgeschnittenen Triebspitzen noch Stecklinge heranziehen können (→ Seite 76/77).

Was tun, wenn ...

... die Balkonblumen wegen anhaltender Regenfälle schon Nässeschäden zeigen?

Ursache:

Das Wasser kann im Gefäß nicht ausreichend ablaufen und staut sich. Es verdrängt den Sauerstoff aus dem Substrat. Die Wurzeln ersticken und faulen – die Pflanze stirbt.

Maßnahmen:

› Sorgen Sie dafür, dass das Substrat schnellstmöglich abtrocknen kann. Betrifft es Einzelpflanzen im Topf, nehmen Sie am besten die Pflanze aus dem Topf und lassen den Wurzelballen an einem luftigen, schattigen Ort gut abtrocknen. Säubern Sie den Topf und legen Sie eine Drainageschicht ein (→ Seite 38/39), bevor Sie die Pflanze wieder einsetzen.

› Größere, vernässte Pflanzgefäße brauchen einen luftigen, sonnigen Standort um schneller austrocknen zu können.

› Leeren Sie regelmäßig mit Wasser voll gelaufene Untersetzer oder Übertöpfe. Stellen Sie das Gießen bis auf weiteres ein.

› Abdecken mit Plastikfolie oder Aufspannen eines Schirms über den Pflanzen verhindert, dass Regenwasser auf das sowieso schon nasse Su strat fällt. Oder stellen Sie die Pflan zen bei Regen näher an die Hauswand.

› Schneiden Sie vernässte Pflanzen auf keinen Fall zurück. Die Pflanzen verdunsten dann weniger Wasser. Das Abtrocknen des Substrats daue entsprechend länger.

› Topfen Sie im Extremfall die Pflanze um. Spülen Sie das alte Substrat aus den Wurzeln aus, und setzen Sie die Pflanzen in neues, trockenes Substra Gießen Sie nur leicht an, und beobac ten Sie die Pflanze eine Weile.

... verholzende Kräuter wie Lavendel oder Salbei auseinander fallen, lange Triebe bekommen und unschön aussehen?

Ursache:

Den Pflanzen fehlt der regelmäßige Schnitt, deshalb sind sie außer Form geraten.

Maßnahmen:

› Schneiden Sie im Mai die Pflanzen mindestens um die Hälfte zurück. Nach dem Rückschnitt sollten Sie etwas weniger gießen, da die geringe Blattmenge auch weniger Wasser verdunstet. Langsam kommen neue, kleine Triebe an den Seiten zum Vorschein. Diese bilden bis zum Herbst einen dichten Busch.

› Schneiden Sie nun jährlich nach der Blüte alle Triebe um ein gutes Drittel zurück. Achten Sie dabei auf eine schöne buschige Form.

› Einen radikalen Rückschnitt verträgt die Pflanze allerdings nur alle 3–4 Jahre. Das wird bei konsequentem jährlichen Rückschnitt aber nicht mehr nötig sein.

... der Sämling nach dem Aufgehen einfach umkippt?

Ursache:

Die Sämlinge stehen zu dicht beieinander und sind zu nass gehalten.

Maßnahmen:

› Halten Sie das Anzuchtsubstrat trockener.

› Sorgen Sie mit einer Abdeckung für ausreichend Luftfeuchtigkeit. Lüften Sie einmal am Tag, um stauende Luft zu vermeiden.

› Ziehen Sie zu dicht stehende Sämlinge heraus.

... Zweizahn im Balkonkasten alles andere überwuchert und die übrigen Pflanzen verdrängt?

Ursache:

Der Zweizahn ist eine äußerst stark wüchsige Balkonblume, mit der es kaum eine andere Art aufnehmen kann.

Maßnahmen:

› Mit der enormen Wuchskraft von Zweizahn und Petunien können nur sehr wenige Vertreter aus dem Balkonblumenreich mithalten, z. B. Hängegeranien oder stark wachsende Tapien-Verbenen. So stark wüchsige Pflanzen sollten eigentlich immer ein eigenes Pflanzgefäß bekommen, in dem sie sich nach Herzenslust ausbreiten können. Schwach wüchsige Pflanzen im selben Pflanzgefäß haben keine Chance. Nehmen Sie die verdrängten Pflanzen daher aus dem Kasten und setzen Sie sie in ein anderes Gefäß ein.

› Ein Rückschnitt von Zweizahn oder Petunie bzw. das Freischneiden der kleineren, schwächeren Pflanzen wäre ein zu starker Einschnitt in den Ausbreitungsdrang der großen Blühwunder. Sie verlieren ihre ganze Ausstrahlung und über kurz oder lang überwuchern sie die schwächeren Arten doch wieder.

› Hochstämmchen wären noch das Mittel der Wahl, wenn Sie keine Bepflanzung aus nur einer Art haben wollen. Da Zweizahn und Petunie eine hängende Wuchsform besitzen, stören sie die in die Höhe ragenden Pflanzen nicht in ihrer Ausbreitung, im Gegenteil, sie decken den nackten Boden unter den Hochstämmchen sehr dekorativ ab.

... große, harte Samen nicht keimen?

Ursache:

Die Samenhülle ist zu fest, der Samen wird nicht zum Keimen angeregt.

Maßnahmen:

Damit Saatgut mit harter Samenhülle aufgeht, sollte die Hülle besser für Wasser durchlässig gemacht werden. Probieren Sie die nachfolgenden Methoden erst einmal mit 2–3 Samenkörnern aus, um zu sehen, welche sich am besten für Ihren Samen eignet.

› Legen Sie den Samen vor der Aussaat 12–18 Stunden in lauwarmes Wasser (18–22 °C). Alte Thermoskannen eignen sich hierbei bestens, da sie die Wärme lange speichern können. Säen Sie sofort nach dem Wasserbad aus.

› Eine andere Methode besteht im Anritzen bzw. Aufrauen der Samenhülle. Mit einer Feile oder Schmirgelpapier rauen Sie die oberste Schicht des Samens leicht an. Dadurch animieren Sie den Samen zum Keimen, sobald er ausgesät wird. Das Aufrauen geht am besten, wenn Sie den Rand eines Twist-Off-Glases mit mittelfeinem Schmirgelpapier auslegen (raue Seite nach innen). Geben Sie dann den Samen in das Glas, schließen den Deckel und schütteln das Ganze einige Minuten lang hin und her.

› Bei manchen Pflanzen, vor allem winterharten Pflanzen, ist es wichtig, dass die Samen einer Kälteperiode ausgesetzt sind. Um die Keimung zu beschleunigen, legen Sie den Samen in das Kühlfach – so erzeugen Sie einen künstlichen Winter. Sie können die Samen aber auch lageweise in mit Sand gefüllte Töpfe schichten und diese einen Winter lang einfach auf dem Balkon stehen lassen. Jetzt wirken die natürlichen Witterungseinflüsse auf den Samen ein und heben die Keimruhe auf. Diese Methode, die Keimruhe zu brechen, bezeichnet der Gärtner als Stratifizieren.

BASILIKUM
PETERSILIE
MAJORAN
THYMIAN

3

Porträts

Balkonblumen – die Qual der Wahl

Das Sortiment an Balkonblumen ist groß und sehr vielfältig. Für jede Jahreszeit und für jeden Standort findet sich eine Fülle von Blumen, die Balkon und Terrasse in ein Blütenmeer tauchen.

Bei der riesigen Auswahl an Balkonblumen in den unterschiedlichsten Farben und Wuchsformen, können Sie Ihrem Balkon oder Ihrer Terrasse jedes Jahr aufs Neue ein ganz individuelles Gesicht geben. Sie können aber auch eine dauerhafte Bepflanzung aus winterharten Stauden, Topfgehölzen und Immergrünen anlegen.

So schön kann es aussehen, wenn Sie die richtigen Pflanzen miteinander kombinieren.

Die schönsten Balkonblumen

Das Pflanzensortiment für Balkonkästen, Töpfe, Ampeln und Schalen besteht aus Zwiebel- und Knollenpflanzen, ein- und zweijährigen Sommerblumen, Herbst- und Winterblühern, Kletter- und Hängepflanzen, mehrjährigen Stauden, immergrünen und blühenden Topfgehölzen, Pflanzen für den Mini-Teich, Obst, Kräutern und Balkongemüse. Eine schier unermessliche Vielfalt, die das ganze Jahr über Balkon und Terrasse zu einem grünen und blühenden Paradies macht.

Zwiebel- und Knollenblumen

Zwiebel- und Knollenblumen zählen zu den mehrjährigen Balkonblumen. Nach der Blüte überdauern die Pflanzen mit Hilfe ihrer unterirdischen Organe, den Zwiebeln oder Knollen. Bei guter Lagerung treiben diese jedes Jahr wieder aufs Neue aus.
Es gibt Zwiebel- und Knollenpflanzen, die im Frühjahr (Krokus, Tulpe, Narzisse) und solche, die im Sommer (Dahlie, Knollenbegonie, Lilie) austreiben und blühen.

Einjährige Sommerblumen

Wohl die meisten Balkonblumen gehören zu den kurzlebigen, den einjährigen Sommerblumen. Ihr Lebenszyklus dauert nur einen Sommer lang. Die Pflanzen werden im zeitigen Frühjahr gesät und vorgezogen und warten von Juni bis September mit einer verschwenderischen Blütenfülle auf. Danach ist ihr Leben zu Ende. Zu ihnen gehören sowohl buschig wachsende Arten wie Löwenmäulchen oder Pantoffelblume als auch kletternde (Schwarzäugige Susanne, Duftwicke) oder hängende (Elfenspiegel, Hängepetunie).

Zweijährige Balkonblumen

Zu den zweijährigen Balkonblumen zählen einige der attraktivsten Frühjahrsblüher wie Goldlack, Maßliebchen oder Vergissmeinnicht. Die Zweijährigen bilden im Jahr der Aussaat nur Blätter aus, die Blüten erscheinen erst im zweiten Jahr. Nach der Blüte sterben die Pflanzen ab.

Mehrjährige Balkonblumen

Wer sich das saisonale Umtopfen sparen möchte, ist mit mehrjährigen Balkonblumen, zu denen Stauden, Immergrüne und Topfgehölze zählen, gut beraten. Sie überdauern den Winter im Freien, um im Frühjahr wieder neu auszutreiben – in der Regel üppiger als im

Ob solo oder in Kombination mit Gräsern, Immergrünen und Topfgehölzen: Im Herbst trumpfen vor allem Chrysanthemen mit ungeahnter Blütenfülle und leuchtender Farbenpracht auf.

Vorjahr. Sie blühen nicht den ganzen Sommer lang, sondern beschränken ihre Blütezeit auf wenige Wochen. Im Frühjahr blühen z. B. Gämswurz oder Frauenmantel, im Sommer Astilbe, Funkie oder Lavendel und im Herbst Fetthenne oder Schlingknöterich.
Einige mehrjährige Pflanzen müssen allerdings im Winter ins Haus geräumt werden, z. B. Fuchsie, Geranie oder Strauchmargerite.

Obst, Gemüse & Kräuter

Selbst gezogen, gepflegt und geerntet schmeckt es meist am besten: Und so finden immer mehr Kräuter, Obst und Gemüse den Weg in Töpfe und Schalen, wenn der Gemüsegarten fehlt. Kräuter sind schon lange fester Bestandteil des Topfgartens, denn sie kommen mit dem eingeschränkten Wurzelraum bestens zurecht. Viele von ihnen, z. B. Salbei, Schnittlauch oder Thymian, sind mehrjährig, andere wie Petersilie oder Basilikum einjährig.
Neue Züchtungen im Obst- und Gemüsesortiment bringen immer mehr Sorten auf den Markt, die auch ein Dasein im Topf oder im Kasten schätzen. Sie wachsen buschig-kompakt, z. B. Tomaten, hängend, z. B. Erdbeeren, oder kletternd, z. B. Feuerbohne, und sind an den beschränkten Platz auf Balkon oder Terrasse angepasst.

Pflanzen für Mini-Teiche

Fans von Wassergärten finden im Wasserpflanzen-Sortiment viele Pflanzen, die auch in einem Mini-Teich gehalten werden können. Exotische Schwimmblattpflanzen sind, was den Platz betrifft, sehr genügsam, müssen allerdings entweder frostfrei überwintert oder aber jedes Jahr neu gekauft werden. Heimische Wasserpflanzen können mit Schutz im Freien überwintern.

Start in die Balkonsaison

FRÜHLINGSBLÜHER

	Name	Standort	Höhe Wuchsform	Blütezeit Blüte	Anzucht	Pflege
	*Bellis perennis* Tausendschön	Sonne, Halbschatten	15–50 cm zweijährig, kompakte Blattrosette, aufragende, blattlose Blütenstiele	März–Juni weiß, rosa, rot, mit gelber Mitte, auch gefüllte Sorten	Aussaat im Juni/Juli, in einzelne Töpfe pikieren	bei viel Sonne regelmäßig gießen, sonst mäßig feucht halten, Verblühtes regelmäßig entfernen
	*Crocus* (Vernus-Gruppe) Garten-Krokus	Sonne, Halbschatten	10–15 cm Knollenblume, lineale Blätter mit weißem Mittelstreifen	März–Mai weiß, gelb, violett, mit gelben Staubgefäßen	eigene Anzucht nicht lohnend	mäßig gießen, Zwiebeln nach der Blüte einziehen lassen und trocken, kühl und dunkel lagern; im Herbst 6–8 cm tief stecken
	*Erysimum cheiri* Goldlack	Sonne, Halbschatten	25–70 cm zweijährig, buschig, lanzettliches, ganzrandiges, kräftig grünes Laub	März–Mai gelb, orange rot, in kurzen Trauben, duftend	Aussaat im August, 3–5 Keimlinge in einem Topf, geschützt im Freien überwintern	mäßig gießen, alle 2 Wochen düngen, Verblühtes ausschneiden
	*Galanthus nivalis* Schneeglöckchen	Sonne, Halbschatten	10–15 cm Zwiebelblume, eintriebig, lineale, schmale Blätter, blaugrün bereift	Februar–April, weiß-grün, glockenförmig, nickend, zart duftend	eigene Anzucht nicht lohnend	mäßig gießen, Zwiebeln nach der Blüte einziehen lassen und trocken, kühl und dunkel lagern, im Herbst ca. 10 cm tief stecken
	*Hyacinthus* (Orientalis-Gruppe) Hyazinthe	Sonne, Halbschatten	20–30 cm Zwiebelblume, eintriebig, Blätter breit lineal bis lanzettlich, dunkelgrün	April–Mai blau, violett, rosa, weiß, intensiv duftend, in dichten Trauben	eigene Anzucht nicht lohnend	mäßig gießen, Zwiebeln nach der Blüte einziehen lassen und trocken, kühl und dunkel lagern, im Herbst 15–20 cm tief stecken
	*Muscari armeniacum* Traubenhyazinthe	Sonne, Halbschatten	15–20 cm Zwiebelblume, grundständige, lineale Blätter, blaugrün bereift	April–Mai blaue, kleine Glöckchen, am Rand weiß, in dichten Trauben	eigene Anzucht nicht lohnend	mäßig gießen, Zwiebeln nach der Blüte einziehen lassen und trocken, kühl und dunkel lagern, im Herbst zu mehreren 5–8 cm tief stecken
	*Myosotis sylvatica* Vergissmeinnicht	Sonne, Halbschatten	15–25 cm zweijährig, buschig, dichtes, grünes Laub, leicht behaart	April–Juni in vielen Blau-, Rosa- und Violetttönen, in dichten Büscheln	Aussaat im Juli, Sämlinge kühl und schattig stellen	an warmen Tagen gut gießen, Erde nicht austrocknen lassen

Sonne Halbschatten Schatten

Start in die Balkonsaison

FRÜHLINGSBLÜHER

	Name	Standort	Höhe Wuchsform	Blütezeit Blüte	Anzucht	Pflege
	*Narcissus-Hybriden* Narzisse	☼ ◐	30–60 cm Zwiebelblume, ein- oder mehrtriebig, graugrünes, lineales Laub	März–April gelb, weiß, auch mehrfarbig, gefüllte und einfache Sorten	eigene Anzucht nicht lohnend	mäßig gießen, Zwiebeln nach der Blüte einziehen lassen und trocken, kühl und dunkel lagern, im Herbst 5–10 cm tief stecken
	*Primula vulgaris* Primel	☼ ◐	5–10 cm meist einjährig gezogen, Blattrosette mit länglichen, runzeligen Blättern	Februar–Mai viele verschiedene Farben, meist mit gelber Mitte	Aussaat im August, hell und kühl aufstellen, zu mehreren in Töpfe pikieren	im Kasten Substrat nicht austrocknen lassen, können bei empfindlichen Personen zu Hautreizungen führen, beim Berühren Handschuhe tragen
	*Ranunculus asiaticus* Ranunkel	☼ ◐	15–35 cm Knollenblume, lockere Blattrosette, Blätter kräftig grün, gebuchtet	April–Juni gelb, weiß, orange, rosa, rot, groß, dicht gefüllt	Aussaat im Frühjahr, hell und kühl aufstellen	Substrat nicht austrocknen lassen, Knollen im Herbst oder Frühjahr ca. 5 cm tief stecken
	*Tulipa-Hybriden* Tulpe	☼	15–50 cm Zwiebelblume, einstielig, Blätter lang, lanzettlich, grün oder blaugrün bereift	April–Juni große Farbpalette, gefüllt oder ungefüllt, glattrandig oder gefranst	eigene Anzucht nicht lohnend	mäßig gießen, Zwiebeln nach der Blüte einziehen lassen und trocken, kühl und dunkel lagern, im Herbst 10 cm tief stecken, in Gruppen
	*Viola cornuta-Hybriden* Hornveilchen	☼ ◐	10–15 cm meist zweijährig, buschig, intensiv grün gefärbte Blätter	März–Mai und Sept.–Nov., violett, fliederfarben, gelb, duftend	Aussaat im Juli/August, halbschattig stellen	Substrat nicht austrocknen lassen, Verwelktes entfernen
	*Viola odorata* Duftveilchen	☼ ◐	15–25 cm mehrjährig, horstig, Blätter breit-eiförmig, am Grunde herzförmig	März–Mai purpurviolett, intensiv duftend, typische Veilchenblüte	Aussaat im Frühjahr oder im Herbst im Freien mit Winterschutz	Substrat nicht austrocknen lassen, anspruchslos
	*Viola x wittrockiana* Stiefmütterchen	☼ ◐	15–25 cm zweijährig, kompakt, buschig, Laub ei-rundlich, gebuchtet, intensiv grün	März–Juni und Sept.–Nov., alle Farben, auch mehrfarbig, klein- und großblumig	Aussaat im Juni/Juli, im Halbschatten weiter kultivieren, in Einzeltöpfe pikieren	Substrat stets feucht halten, Verblühtes regelmäßig entfernen, alle 2–3 Wochen düngen

Hochsaison auf dem Balkon

SOMMERBLUMEN

	Name	Standort	Höhe Wuchsform	Blütezeit Blüte	Anzucht	Pflege
	*Ageratum houstonianum* Leberbalsam	Sonne	10–50 cm buschig, Blätter oval, mittelgrün, Stängel dicht beblättert	Juni–Sept. violett, weiß, rosa, klein, in dichten, endständigen Köpfchen	Aussaat im zeitigen Frühjahr, zu dritt pikieren, Pflanzabstand 20 cm	Substrat gleichmäßig feucht halten, alle 2 Wochen düngen, Verblühtes abschneiden, das regt eine Nachblüte an
	*Antirrhinum majus* Löwenmäulchen	Sonne, Halbschatten	40–80 cm buschig, stark verzweigt, Blätter lanzettlich, tiefgrün	Juni–Oktober viele Farben, auch zweifarbig, Lippenblüten, in dichten Trauben	Aussaat ab Februar bei 18–20 °C Bodenwärme, einzeln pikieren	Substrat nicht austrocknen lassen, alle 2 Wochen schwach düngen, Entspitzen führt zu buschigem Wuchs, Verblühtes ausschneiden
	*Asteriscus maritimus* Goldtaler	Sonne	25–30 cm Triebe hängen leicht über, Blätter hart, lanzettlich, dunkelgrün	Mai–Oktober gelb, zahlreiche auffallende Korbblüten am Triebende	Stecklinge im Sommer oder Aussaat im zeitigen Frühjahr	anspruchslos, übersteht auch kurzzeitige Trockenheit unbeschadet, bis August wöchentlich düngen, Verblühtes ausschneiden
	*Begonia semperflorens* Eisbegonie	Sonne, Halbschatten	15–20 cm leicht verzweigt, Triebe brechen leicht, Blätter grün oder bronzefarben	Mai–Oktober weiß, rosa, rot, purpur, einfach oder gefüllt, klein, in dichten Trauben	Aussaat im Dezember bei 20–22 °C Bodenwärme, Samen nicht abdecken	anspruchslos, Substrat stets feucht halten, alle 2 Wochen düngen, Verwelktes entfernen, nach dem ersten Flor zurückschneiden
	*Brachycome iberidifolia* Blaues Gänseblümchen	Sonne, Halbschatten	bis 30 cm lange, stark verästelte triebe mit zart gefiederten Blättern	Juli–Sept. weiß, rosa, violett, blau mit gelber Mitte, Korbblüten	Aussat im März bei 20–22 °C Bodenwärme, einmal pikieren	leicht feucht halten, alle 1–2 Wochen schwach düngen, Verblühtes regelmäßig entfernen
	*Calceolaria integrifolia* Pantoffelbume	Sonne, Halbschatten	15–30 cm buschig, verzweigt, Triebe leicht überhängend	Mai–Sept. gelb, orange, teilweise rot gefleckt, rundliche Blüten in Rispen	Aussaat Dez.–Feb. bei 15 °C Bodenwärme, Stecklinge im Spätsommer	vor Regen schützen, Substrat gut feucht halten, wöchentlich schwach düngen, Verblühtes regelmäßig abschneiden
	*Calendula officinalis* Ringelblume	Sonne	30–70 cm horstig, aufrecht, Blätter weich behaart, oval, duftend	Juni–Sept. gelb, creme, orange, gefüllte und ungefüllte Blüten	Direktsaat in Kasten oder Töpfe ab April, Lichtkeimer	anspruchslos, robust, Substrat leicht feucht halten, wöchtenlich düngen, Verblühtes entfernen, im Herbst Samen abnehmen

Sonne · Halbschatten · Schatten

Hochsaison auf dem Balkon

SOMMERBLUMEN

	Name	Standort	Höhe Wuchsform	Blütezeit Blüte	Anzucht	Pflege
	*Coleostephus multicaulis* Gelbe Zwerg-Margerite	☀	20–25 cm buschig, leicht überhängend, Laub lanzettlich, leicht gezähnt, blaugrün	Mai–Sept. gelb, margeritenähnliche Strahlenblüten am Triebende	Aussaat ab März, zu mehreren pikieren	Substrat gleichmäßig leicht feucht halten, alle 2 Wochen düngen, Verblühtes regelmäßig abschneiden
	*Coleus*-Blumei-Hybriden Buntnessel	◐ ●	20–30 cm dicht buschig, Laub verschieden gefärbt und geformt	Juli–Sept. rosa, Lippenblüten, Blattschmuckpflanze	Stecklinge im Sommer und Herbst, in Wasser bewurzeln lassen	Substrat gleichmäßig feucht halten, alle 2 Wochen düngen, Blüenstände auskneifen
	*Cosmos bipinnatus* Schmuckkörbchen	☀	30–70 cm aufrecht, buschig, stark verzweigt, Blätter haarförmig zerteilt, fein	Juni–Oktober weiß, rosa, purpur, schalenförmig, gelbe Mitte, weit geöffnet	Aussaat im Februar/März, für buschigen Wuchs regelmäßig Entspitzen	anspruchslos, Substrat gleichmäßig feucht halten, alle 2 Wochen düngen, Verblühtes abschneiden, eventuell mit Bambusstab stützen
	*Dahlia*-Hybriden Dahlie	☀	30–100 cm Knollenpflanze, buschig, aufrecht, spitzeiförmige Blätter, dunkelgrün	Juli–Oktober alle Farben außer Blau, einfach, gefüllt, pomponartig	Aussaat im Februar/März oder Knollen im Mai	Substrat gleichmäßig feucht halten, alle 4 Wochen düngen, Verblühtes entfernen, große Blüten stützen, Knollen in Sand im Keller überwintern
	*Erigeron karvinskianus* Spanisches Gänseblümchen	☀ ◐	20–30 cm stark verzweigt, locker, kissenartig, Triebe teils herabhängend, feine Blättchen	Mai–Sept. weiß, im Abblühen rosa-rot, zahlreiche Strahlenblüten	Aussaat im zeitigen Frühjahr bei 15–18 °C Bodenwärme, Lichtkeimer	Substrat mäßig feucht halten, alle 2 Wochen düngen, Verblühtes ausschneiden
	*Felicia amelloides* Kapaster	☀	30–50 cm einjährig gezogen, buschig, stark verzweigt, Blättchen klein, dunkelgrün	Mai–Oktober blau mit gelber Mitte, an langen, nach oben blattlosen Stielen	durch Stecklinge im Spätsommer, frostfrei überwintern	Substrat leicht feucht halten, alle 2 Wochen düngen, Verblühtes ausschneiden, dauerndes Entspitzen führt zu buschigerem Wuchs
	*Fuchsia*-Hybriden Fuchsie	◐ ●	20–50 cm oft mehrjährig gehalten, buschig, Blätter rötlich geadert	Mai–Oktober rosa, weiß, rot, auch zweifarbig, glockenförmig	durch Stecklinge, mehrmals entspitzen; auch Aussaat möglich	Substrat gleichmäßig feucht halten, bis Mitte August wöchentlich düngen, Verblühtes ausschneiden, kann bei 6–8 °C überwintert werden

Hochsaison auf dem Balkon

SOMMERBLUMEN

	Name	Standort	Höhe Wuchsform	Blütezeit Blüte	Anzucht	Pflege
	*Gazania*-Hybriden Mittagsgold	Sonne	20–25 cm flache Blattrosetten mit langen Blütenstängeln, Blätter dunkelgrün	Juni–Oktober gelb, weiß, rot, orange, bronze, zur Mitte hin dunkler werdend	Aussaat ab dem zeitigen Frühjahr bei 18–20 °C Bodenwärme	Substrat nur leicht feucht halten, wöchentlich düngen, regelmäßig Verblühtes ausschneiden, das fördert neuen Knospenansatz
	*Helianthus annuus* Sonnenblume	Sonne	40–60 cm aufrecht, meist eintriebig, niedrige Sorten verzweigt, Blätter dunkelgrün	Juli–Oktober gelb, orange, braune Mitte, große Strahlenblüten	Aussaat im April, einzeln in kleine Töpfchen	anspruchslos, Substrat gleichmäßig feucht halten, hohe Sorten mit Stäben stützen, wöchentlich düngen, im Herbst Samen abnehmen
	*Heliotropium arborescens* Vanilleblume	Sonne, Halbschatten	30–60 cm buschig, aufrecht, auch als Hochstamm, Blätter dunkelgrün	Mai–Sept. violett, große Dolden, nach Vanille duftend	Aussaat im Februar bei 20 °C Bodenwärme, Lichtkeimer	Substrat mäßig feucht halten (nicht austrocknen lassen), wöchentlich düngen, Verblühtes regelmäßig ausschneiden
	*Impatiens*-Hybriden Fleißiges Lieschen	Sonne, Halbschatten, Schatten	20–40 cm buschig, reich verzweigt, Blätter glänzend, meist dunkelgrün	Mai–Oktober weiß, rosa, rot, orange, violett, purpur, einfache und gefüllte Blüten	leicht durch Stecklinge im Herbst oder Aussaat im Februar/März	anspruchslos, Substrat gut feucht halten, alle 2 Wochen düngen, Verblühtes abzupfen, für gute Verzweigung ab und zu stutzen
	*Lantana camara* Wandelröschen	Sonne	30–150 cm buschig, leicht überhängend, auch als Hochstamm, **giftig!**	Juni–Oktober gelb, orange, rot, rosa, in dichten Köpfchendolden	durch Stecklinge im Herbst	Substrat gleichmäßig feucht halten, alle 2 Wochen düngen, häufiges Entspitzen fördert die Verzweigung, kann überwintert werden (hell, 6–10 °C, trocken)
	*Lobelia erinus* Männertreu, Lobelie	Sonne, Halbschatten	10–20 cm polsterartig, leicht überhängend, Blätter klein, frischgrün	Mai–Oktober violett, blau, weiß, rosa, mit hellerem Auge, klein, zahlreich	Aussaat im zeitigen Frühjahr, Lichtkeimer, in Büscheln in einzelne Töpfe pikieren	Substrat gleichmäßig feucht halten, alle 2–3 Wochen düngen, nach dem ersten Flor (ca. Ende Juni) um ein Drittel zurückschneiden, um neuen Flor zu veranlassen
	*Lobularia maritima* Duftsteinrich	Sonne, Halbschatten	10–15 cm polsterartig, schmale, frischgrüne, kleine Blättchen	Juni–Oktober weiß, rosa, violett, in dichten Trauben, duftend	leicht durch Aussaat im März/April, je 5 Samen pro Töpfchen	anspruchslos, Substrat mäßig feucht halten, leichter Rückschnitt nach dem ersten Flor fördert die Nachblüte, danach einmal düngen

Sonne · Halbschatten · Schatten

Hochsaison auf dem Balkon

SOMMERBLUMEN

	Name	Standort	Höhe Wuchsform	Blütezeit Blüte	Anzucht	Pflege
	*Matthiola incana* Levkoje	☼	20–40 cm aufrecht, buschig verzweigt, Blätter frischgrün, leicht behaart	Juni–Sept. weiß, gelb, creme, rosa, violett, in lockeren Trauben, duftend	Aussaat im zeitigen Frühjahr oder im Mai direkt in den Kasten	Substrat gleichmäßig feucht halten, kalkhaltige Erde verwenden, alle 2–3 Wochen düngen, im Herbst Samen abnehmen
	*Mesembryanthemum criniflorum* Mittagsblume	☼	5–10 cm teppichartig, Blätter dickfleischig, wie mit Eiskristallen überzogen	Juni–Sept. weiß, gelb, orange, rot, rosa, auffällige Strahlenblüten	Aussaat im zeitigen Frühjahr bei 18 °C Bodenwärme direkt in die späteren Töpfe	gut durchlässiges Substrat verwenden, nach der Aussaat nicht mehr versetzen, da die Würzelchen sehr empfindlich sind, ziemlich trocken halten, nicht düngen
	*Nicotiana x sanderae* Ziertabak	☼	30–35 cm buschig, aufrecht, Blätter lanzettlich, rau behaart, dunkelgrün, **giftig!**	Juli–Sept. weiß, creme, gelb, rosa, rot, gelbgrün, violett, duftend	Aussaat im zeitigen Frühjahr bei 18–20 °C Bodentemperatur, Lichtkeimer	windempfindlich, Substrat gut feucht halten, wöchentlich düngen, Verwelktes ausschneiden
	*Nierembergia hippomanica* Becherblume	☼ ◐	15–20 cm breite Polster bildend, leicht überhängend, **giftig!**	Juni–Oktober blau, violett, rot, weiß, gelbe Mitte, becherförmige Blüten	Aussaat im zeitigen Frühjahr bei 18 °C Bodenwärme oder durch Stecklinge im Herbst	Substrat mäßig feucht halten, wöchentlich düngen, Verblühtes ausschneiden, Stecklinge hell bei 8–10 °C überwintern
	*Osteospermum*-Hybriden Kapkörbchen	☼	20–40 cm buschig, Blütentriebe teils leicht überhängend, Blätter dunkelgrün	Mai–Oktober weiß, creme, rosa, violett, purpur, öffnen sich nur bei Sonne	durch Stecklinge, jedoch schwierig	windverträglich, Substrat gleichmäßig feucht halten, alle 2 Wochen düngen, Verblühtes regelmäßig abschneiden
	*Pelargonium*-Zonale-Hybriden Pelargonie, Geranie	☼	30–35 cm oft mehrjährig gehalten, steif aufrecht, Blätter rundlich, dunkelgrün	Mai–Oktober weiß, orange, rosa, rot, violett, in großen Dolden	am besten durch Stecklinge ab August	Substrat gut feucht halten, wöchentlich düngen, verblühte Stängel von der Pflanze abknicken (nicht schneiden), überwintern gut möglich (hell bei ca. 5 °C)
	*Pelargonium*-Arten Duftgeranie	☼	30–120 cm oft mehrjährig gehalten, buschig, Blätter duftend	Mai–August, weiß, rosa, rot, klein, wichtiger sind die Blätter	leicht im Spätsommer durch Stecklinge	anspruchslos, robust, Substrat mäßig feucht halten, alle 2 Wochen düngen, lässt sich gut frostfrei überwintern

Hochsaison auf dem Balkon

SOMMERBLUMEN

	Name	Standort	Höhe Wuchsform	Blütezeit Blüte	Anzucht	Pflege
	*Portulaca grandiflora* Portulakröschen	☼	10–15 cm breit, niederliegend, Blättchen nadelartig, frischgrün	Juni–August gelb, orange, pink, violett, rot, öffnen sich nur bei Sonnenschein	Aussaat ab März oder ab Mai direkt ins Freie in den Kasten	verträgt keinen Regen, Substrat nur leicht feucht halten, alle 4–6 Wochen düngen
	*Salvia farinacea* Mehlsalbei	☼	30–60 cm dicht verzweigt, straff aufrecht, Blätter hart, mit weißem Filz	Mai–Oktober blau, violett, weiß, in dichten, ährenartigen Quirlen	Aussaat im zeitigen Frühjahr bei 18–20 °C Bodentemperatur	Substrat mäßig feucht halten, wöchentlich leicht düngen, Verblühtes abschneiden
	*Salvia splendens* Feuersalbei	☼	20–30 cm buschig, harte Triebe, Blätter lanzettlich, leicht gezähnt, dunkelgrün	Mai–Sept. rot, violett, lachsrosa, Lippenblüten in langen Trauben	Aussaat im zeitigen Frühjahr bei 22 °C Bodentemperatur	wind- und regengeschützt aufstellen, Substrat gleichmäßig feucht halten, wöchentlich schwach düngen, Verblühtes ausschneiden
	*Tagetes*-Arten und -Sorten Studentenblume	☼ ◐	15–30 cm buschig, Blätter lanzettlich, tief eingeschnitten, dunkelgrün, herb riechend	Juni–Oktober gelb, orange, rot, bronze, auch zweifarbig, gefüllt und einfach	Aussaat sehr leicht, ab Ende März, ab Ende April auch direkt in den Kasten	anspruchslos, robust, Substrat gleichmäßig feucht halten, alle 2 Wochen düngen, Verblühtes ausschneiden, einige Blüten zum Aussamen stehen lassen
	*Thymophylla tenuiloba* Gelbes Gänseblümchen	☼	15–20 cm polsterartig, leicht überhängende Triebe, feine, dunkelgrüne Blättchen	Juni–Oktober goldgelb, margeritenähnliche Blütensternchen	Aussaat im zeitigen Frühjahr bei 18–20 °C Bodentemperatur	Substrat mäßig feucht halten, alle 2 Wochen schwach düngen, Verblühtes regelmäßig ausschneiden
	*Zaluzianskya villosa* Sternbalsam	☼	10–20 cm klebriger Halbstrauch, untere Blätter verkehrteirund, obere spatelförmig	Juli–Sept. rein weiß, hellrot, violett, Röhrenblüten in langen Ähren, duftend	Aussaat im April, nach Mitte Mai mit 20 cm Abstand pflanzen	wohlriechender Nachtblüher, Substrat mäßig feucht bis trocken halten, 1–2 mal während der Saison düngen
	*Zinnia elegans* Zinnie	☼	60–75 cm aufrecht, leicht verzweigt, Blätter frischgrün	Juli–Oktober weiß, gelb, rot, orange, rosa, violett, einfach oder gefüllt	leicht durch Aussaat ab Februar bei 20 °C Bodenwärme	kompakt wachsende Sorten verwenden, Substrat stets feucht halten, alle 2 Wochen düngen, Verblühtes ausschneiden

☼ Sonne ◐ Halbschatten ● Schatten

Die Balkonsaison klingt aus

HERBST- UND WINTERBLÜHER

	Name	Standort	Höhe Wuchsform	Blütezeit Blüte	Anzucht	Pflege
	*Aster-Dumosus-Hybriden* Kissenaster	☼	25–50 cm Staude, kompakte Polster, Blätter lanzettlich, dunkelgrün	Aug.–Okt. blau, rosa, rot, violett, weiß, mit gelber Mitte, lockerer Blütenstand	Aussaat im Frühjahr oder Stecklinge von nicht blühenden Trieben im Frühsommer	anspruchslos, robust, Substrat mäßig feucht halten, alle 2–3 Wochen düngen, kann im Freien überwintern, Winterschutz, z. B. mit Vlies
	*Callistephus chinensis* Sommeraster	☼	20–60 cm einjährig, buschig, reich verzweigt, dunkelgrünes Laub	Juli–Oktober rot, rosa, weiß, violett, gelb, meist dicht gefüllt mit gelber Mitte	Aussaat ab Februar, Pikieren in Einzeltöpfe, auch Direktsaat möglich	anspruchslos, robust, Substrat nicht austrocknen lassen, wöchentlich düngen; Verblühtes regelmäßig entfernen
	*Calluna vulgaris* Besenheide	☼ ◑	20–40 cm immergrüner Zwergstrauch, aufrechter Wuchs	Juni–Dez. (sortenabhängig) rosa, weiß, rot, violett, dicht an den Trieben sitzend	Stecklinge von nicht blühenden Trieben im Aug./Sept., mit Schutz im Freien überwintern	Rückschnitt im Frühjahr um 1/3, als Substrat Rhododendronerde verwenden, nicht austrocknen lassen, im Frühjahr mit Rhododendrondünger düngen
	*Chrysanthemum x grandiflorum* Herbstchrysantheme	☼	20–40 cm meist einjährig kultiviert, buschig, verzweigt, Laub dunkelgrün	Sept.–Nov.. alle Blütenfarben außer Blau, gefüllt, einfach, pomponartig, groß oder klein	durch Stecklinge möglich	Substrat gleichmäßig feucht halten, Verblühtes regelmäßig entfernen, wenn alle Blüten voll entfaltet sind, einmal düngen, zum Überwintern zurückschneiden
	*Erica gracilis* Topfheide	☼ ◑	20–30 cm einjährig kultiviert, buschig, verzweigt, nadelförmige, dunkelgrüne Blätter	Sept.–Dez. rot, rosa, weiß, zierliche Blütenglöckchen, dicht besetzte Triebe	durch Stecklinge im Herbst möglich, lohnt aber nicht	gleichmäßig feucht halten, saures Substrat und kalkarmes Gießwasser verwenden
	*Gaultheria mucronata* Topfmyrte	◑ ●	50–80 cm immergrüner Kleinstrauch, breit buschig, kleine, dunkelgrüne Blätter	Mai–Juni weiß, rosa, ab August zierende Beeren, rot, weiß oder rosa, leicht giftig	durch Stecklinge im Herbst	Rhododendronerde mit Sand vermischen, kalkarmes Wasser verwenden, Substrat nicht austrocknen lassen, bis August alle 2 Monate düngen, zurückschneiden
	*Sedum telephium* Fetthenne	☼	50–60 cm aufrechte Staude, Blätter fleischig, oval, bläulich-grau	Aug.–Okt. purpurrot oder weiß, in dichten Dolden	sehr leicht durch Kopf- oder Blattstecklinge im Herbst	Substrat mäßig feucht halten, Verblühtes stehen lassen, ergibt äußerst zierende Fruchtstände

Himmelsstürmer

KLETTERPFLANZEN

	Name	Standort	Höhe Wuchsform	Blütezeit Blüte	Anzucht	Pflege
	*Clematis-Hybriden* Clematis, Waldrebe	Sonne, Halbschatten	2–6 m mehrjähriger Blattstielranker, Blätter 3-5-zählig, dunkelgrün	Mai–Sept. weiß, gelb, rot, rosa, violett, auch zweifarbig	eigene Anzucht durch Stecklinge schwierig	Wurzelbereich beschatten, benötigt Kletterhilfe, Substrat nicht austrocknen lassen, bis zur Blüte alle 2 Wochen düngen, kann mit Winterschutz im Freien bleiben
	*Cobaea scandens* Glockenrebe	Sonne, Halbschatten	4–5 m einjährig kultivierter Blattranker, unpaarig gefiedertes Laub	Juli–Oktober violett, weiß, glockenförmig, an langen Stielen, leicht nickend	Aussaat im zeitigen Frühjahr	braucht Drähte oder Stäbe als Ketterhilfe, Substrat nicht austrocknen lassen, regelmäßig düngen, kann auch frostfrei im Haus überwintert werden
	*Eccremocarpus scaber* Schönranke	Sonne	3–5 m einjährig kultivierter Blattranker, Blätter 2-fach gefiedert	Juni–Oktober orangerot, kleine Röhrenblüten in langen Trauben	Vermehrung durch Teilung des Wurzelstocks nach der Blüte	braucht Kletterhilfe, Substrat mäßig feucht halten, regelmäßig düngen, kann auch frostfrei überwintert werden (bei 5–10 °C und hell)
	*Fallopia baldschuanica* Schlingknöterich	Sonne, Halbschatten, Schatten	3–6 m sommergrüner Schlinger, Blätter herzförmig	Juli–Oktober weiß, zartrosa, klein in langen, lockeren Rispen	durch Stecklinge Ende Juni	anspruchslos, robust, braucht stabile Kletterhilfe, muss immer wieder zurückgeschnitten werden, Substrat gut feucht halten, bis August wöchentlich gut düngen
	*Hedera helix* Efeu	Halbschatten, Schatten	bis 20 m mehrjähriger Selbstklimmer mit Haftscheiben, **giftig!**	Sept.–Okt. (erst ab einem Alter von 8–10 Jahren), grüngelbe Dolden	sehr leicht durch Triebstecklinge im Mai/Juni	anspruchslos, robust, bevorzugt nährstoffreiches Substrat, feucht halten, alle 4 Wochen düngen, Rückschnitt Ende Juni
	*Hydrangea anomala ssp. petiolaris* Kletterhortensie	Halbschatten, Schatten	bis 12 m mehrjähriger Selbstklimmer, Haftwurzeln, dunkelgrüne Blätter	Juni–Juli weiß, duftend, große, breite Dolden	leicht durch Stecklinge im Hochsommer	braucht stabile Kletterhilfe, Substrat mit niedrigem pH-Wert wählen, gut feucht halten (kalkfreies Wasser!), alle 4 Wochen düngen, Wurzelbereich im Winter schützen
	*Ipomoea tricolor* Prunkwinde	Sonne	2–3 m einjährig kultivierter Schlinger, herzförmige Blätter, **giftig!**	Mai–Oktober violett, blau, rosa, rot, weiß, trompetenförmig	Aussaat im März/April bei 18 °C Bodenwärme	Kletterhilfe nötig, Substrat stets gut feucht halten, alle 2 Wochen düngen, windgeschützt unterbringen

Sonne Halbschatten Schatten

Himmelsstürmer

KLETTERPFLANZEN

	Name	Stand-ort	Höhe Wuchsform	Blütezeit Blüte	Anzucht	Pflege
	*Lathyrus odoratus* Duftwicke	☼	bis 3 m einjähriger Blattranker, fiederteilige Blätter	Juli–Oktober weiß, blau, rot, rosa, Schmetterlingsblüten, duftend	Aussaat im März, 3–5 Keimlinge in Topf pikieren	anspruchlos, braucht Kletterhilfe, Substrat stets feucht halten, alle 2 Wochen düngen, Verblühtes entfernen
	*Lonicera x heckrottii* Geißblatt	◐ ●	2–4 m mehrjähriger Winder, längliche, ovale bis elliptische Blätter, **giftig!**	Juni–Sept. gelb-rot, röhrig, 2-lippig, in Ähren	durch Stecklinge im Sommer	Kletterhilfe nötig, Substrat nicht austrocknen lassen, alle 4 Wochen düngen, gelegentlich auslichten, zu groß gewordene Pflanzen zurückschneiden
	*Phaseolus coccineus* Feuerbohne	☼	bis 4 m einjähriger Winder, raschwüchsig, große, herzförmige Blätter	Juni–Sept. rot, weiß, kleine Blütchen zu mehreren am Triebende	Aussaat ab April, Direktsaat von 2–3 Körnern pro Topf	anspruchslos, robust, Kletterhilfe nötig, Substrat stets feucht halten, vor Blühbeginn regelmäßig düngen
	*Quamoclit lobata* Sternwinde	☼ ◐	2–3 m einjährig kultivierter Winder, herzförmige Blätter	Juli–Sept. orangegelb, kleine Röhrenblüten zu mehreren am Stängelende	Aussaat im zeitigen Frühjahr, zu mehreren pikieren	Kletterhilfe nötig (Spanndrähte), Substrat nicht austrocknen lassen, regelmäßig düngen, kann frostfrei überwintert werden
	*Rhodochiton atrosanguineus* Rosenkleid	☼	2–3 m einjähriger Winder, dekorative, herzförmige Blätter	Juni–Sept. purpur, mit malvenfarbenen Kelchen, an hängenden Blütenstielen	Aussaat nach der Samenreife oder im zeitigen Frühjahr, blüht erst nach 5 Monaten	Kletterhilfe nötig, Substrat nicht austrocknen lassen, regelmäßig düngen, kann frostfrei überwintert werden
	*Thunbergia alata* Schwarzäugige Susanne	☼	bis 3 m einjährig kultivierter Schlinger, leicht pfeilförmige, gestielte Blätter	Mai–Oktober gelb, orange, weiß, Mitte schwarz, Trichterblüten an kurzen Stielen	Aussaat im März bei 18 °C Bodenwärme, entspitzen, um Verzweigung anzuregen	Kletterhilfe nötig, Substrat nicht austrocknen lassen, regelmäßig düngen, kann als Kübelpflanze frostfrei überwintert werden
	*Tropaeolum majus* Kapuzinerkresse	☼	1–3 m einjähriger Klimmer, Blätter rundlich, hellgrün	Juni–Oktober rot, orange, gelb, lang gespornte, große Blüten	Aussaat im zeitigen Frühjahr, auch Direktsaat ab Mai möglich	anspruchslos, robust, Kletterhilfe nötig, Substrat gut feucht halten, höchstens alle 6 Wochen düngen

Blütenkaskaden

HÄNGEPFLANZEN

	Name	Standort	Höhe Wuchsform	Blütezeit Blüte	Anzucht	Pflege
	*Begonia*-Tuberhybrida-Gruppe Knollenbegonie	Sonne, Halbschatten, Schatten	15–35 cm mehrjährig, bis 35 cm herabhängend, Triebe brechen leicht, **giftig!**	Mai–Oktober gelb, orange, weiß, rosa, rot, nickend, einfach oder gefüllt	durch Teilen der Knollen kurz nach dem Austrieb	Substrat gut feucht halten, alle 2 Wochen düngen, Verblühtes entfernen, wind- und regengeschützt pflanzen, im Herbst Blätter vergilben lassen, nicht abschneiden
	*Bidens ferrulifolia* Zweizahn	Sonne	15–30 cm einjährig kultiviert, bis 1 m lange Triebe, sehr wüchsig	Mai–Oktober gelbe Sternblüten, sehr reich blühend	durch Stecklinge im Sommer	anspruchlos und robust, nicht mit schwach wüchsigen Arten zusammenpflanzen, Substrat stets feucht halten, wöchentlich düngen, kann überwintert werden
	*Calibrachoa*-Hybriden Zauberglöckchen	Sonne	20–30 cm einjährig kultiviert, stark wüchsig, Blätter klebrig	Mai–Oktober weiß, gelb, rot, orange, rosa, violett, kleine, trichterförmige Blüten	eigene Anzucht nicht möglich, als Jungpflanze im Mai kaufen	geschützter Standort, Substrat mit niedrigem pH-Wert (5,5), gleichmäßig feucht halten (kalkfreies Wasser), wöchentlich düngen
	*Centradenia*-Hybriden Kaskadenblume	Sonne, Halbschatten	20–25 cm einjährig kultiviert, bis 70 cm lange, überhängende Triebe	April–Sept. rosa, violett, weit geöffnete, kleine Blüten	durch Stecklinge von überwinterten Pflanzen im Frühjahr	Substrat gleichmäßig leicht feucht halten, alle 2 Wochen schwach düngen, kann nach Rückschnitt im Herbst überwintert werden
	*Convolvulus sabatius* Blaue Mauritius	Sonne	15–25 cm einjährig kultiviert, bis 1 m lange Triebe, lanzettliche Blättchen, dunkelgrün	Mai–Oktober hellblau, violett, trichterförmig, schließen sich bei Regen	Aussaat im März oder durch Stecklinge vom Herbst bis zum Frühjahr	Substrat stets feucht halten, alle 2 Wochen düngen, verblühte Triebe zurückschneiden, das führt zu Verzweigung und mehr Blüten, kann überwintert werden
	*Diascia*-Hybriden Elfensporn	Sonne, Halbschatten	25–30 cm einjährig kultiviert, nur leicht überhängend, kleine, frischgrüne Blättchen	Mai–Oktober rosa, weiß, kleine Rachenblütchen	durch Stecklinge im Frühjahr	Substrat gleichmäßig feucht halten, alle 2 Wochen düngen, kann hell und bei 8–10 °C überwintert werden
	*Nemesia*-Hybriden Elfenspiegel	Sonne	15–30 cm einjährig kultiviert, nur leicht überhängend, Blätter lanzettlich, dunkelgrün	Mai–Sept. weiß, gelb, rot, rosa, orange, blau, in Dolden, duftend	Aussaat ab März oder Direktsaat im Mai	Substrat gleichmäßig feucht halten, leichter Rückschnitt im Juni/Juli sorgt für neue Blüten, anschließend einmal düngen

Sonne · Halbschatten · Schatten

Blütenkaskaden

HÄNGEPFLANZEN

	Name	Standort	Höhe Wuchsform	Blütezeit Blüte	Anzucht	Pflege
	*Pelargonium*-Peltatum-Hybriden Hängegeranie	☼	bis ca. 30 cm oft mehrjährig kultiviert, bis 1 m überhängend, verzweigt, Blätter fleischig	Mai–Oktober weiß, rosa, rot, violett, einfach und gefüllt, reich blühend	durch Stecklinge im Spätsommer, Samen vermehrbare Sorten selten	sehr robust, wind- und wetterfest, Substrat gut feucht halten, bis Ende August wöchentlich düngen, kann bei 5 °C hell überwintert werden
	*Petunia*-Hybriden Hängepetunie	☼	15–30 cm einjährig kultiviert, bis 150 cm herabhängend, Blätter klebrig	Mai–Oktober in fast allen Farben, auch zweifarbig, Trichterblüten,	Aussaat im Frühjahr, aber nicht lohnend	Substrat gleichmäßig gut feucht halten (kalkarmes Wasser), wöchentlich schwach düngen, nach dem ersten Flor zurückschneiden
	*Plectranthus forsteri* Harfenstrauch, Mottenkönig	☼ ◑	15–30 cm oft mehrjährig kultiviert, bis 2 m herabhängend, Blattschmuckpflanze	Aug.–Sept. weiß, unscheinbar, dafür prächtiges Laub	leicht durch Stecklinge im Frühjahr, mehrmals entspitzen	anspruchslos, robust, Substrat nicht austrocknen lassen, bis August alle 2 Wochen düngen, am besten als Steckling überwintern
	*Sanvitalia procumbens* Husarenknöpfchen	☼	10–15 cm einjährig, ca. 30 cm überhängend, kleine, dunkelgrüne Blättchen	Juni–Oktober gelb mit brauner oder grüngelber Mitte, klein, reich blühend	Aussaat im März bei 15–18 °C Bodenwärme	Substrat mäßig feucht halten, alle 2 Wochen schwach düngen, Verblühtes regelmäßig ausschneiden
	*Scaevola saligna* Fächerblume	☼	20–30 cm meist einjährig kultiviert, bis 1 m herabhängend, kleine Blättchen	Mai–Oktober violett, wie kleine Fächer geformt, sehr reich blühend	durch Stecklinge im Spätsommer, jedoch schwierig	Substrat gleichmäßig feucht halten (kalkarmes Wasser), wöchentlich schwach düngen, kann bei 15 °C und hell überwintert werden, lohnt aber nicht
	*Sutera diffusus* Schneeflockenblume	☼ ◑	20–25 cm einjährig kultiviert, bis 1 m lange Triebe, kleine, herzförmige Blättchen	Mai–Oktober weiß, rosa, kleine sternförmige Blütchen, reich blühend	durch Stecklinge im Spätsommer, jedoch schwierig	windfest, Substrat gleichmäßig feucht halten, alle 2 Wochen düngen
	*Verbena*-Hybriden Verbene, Eisenkraut	☼	ca. 25 cm einjährig kultiviert, bis 1 m herabhängend, Blätter fest	Mai–Oktober weiß, rosa, rot, violett, in Schirmen, reich blühend	eigene Anzucht nicht lohnend, besser Jungpflanzen im Mai kaufen	neue Sorten wetterfester, Substrat gut feucht halten, wöchentlich schwach düngen, Verblühtes regelmäßig ausschneiden

Jahrelange Blütenpracht

MEHRJÄHRIGE BALKONBLUMEN

	Name	Standort	Höhe Wuchsform	Blütezeit Blüte	Anzucht	Pflege
	*Alchemilla mollis* Frauenmantel	Sonne, Halbschatten, Schatten	30–40 cm kompakt, Blätter groß, rundlich, leicht gewellt, behaart, stumpfgrün	Juni–Juli grün-gelbe, kleine Blüten in lockeren, dekorativen Trugdolden	Aussaat im Mai/Juni, zu mehreren in Einzeltöpfe pikieren, auch durch Teilung	Substrat nicht austrocknen lassen, alle 4 Wochen düngen, Verblühtes und welke Blätter entfernen, nach der Blüte zurückschneiden, ohne Schutz im Freien überwintern
	*Astilbe*-Arendsii-Hybriden Prachtspiere	Halbschatten, Schatten	50–80 cm buschig, gefiederte, ledrige, dunkelgrüne Blätter	Juni–August weiße, rosa, violette, dichte kerzenartige Blütenrispen	Vermehrung durch Teilung oder Aussaat im Mai/Juni	Substrat stets feucht halten, alle 4 Wochen düngen, Blütenstände stehen lassen, da Fruchtstände ebenfalls sehr zierend, im Freien mit Schutz überwintern
	*Campanula poscharskyana* Hängepolster-Glockenblume	Sonne	10–15 cm rankende Triebe bis 50 cm Länge, polsterartiger Wuchs	Juni–Sept. lavendelblaue, kleine, sternförmige Blütenglocken	Aussaat im Mai/Juni, zu mehreren in Einzeltöpfe pikieren	Substrat nicht austrocknen lassen, vor und während der Blüte alle 4 Wochen düngen, Rückschnitt nach der Blüte, mit Schutz im Freien überwintern
	*Doronicum orientale* Gämswurz	Sonne	25–40 cm horstartig, Blätter rund bis herzförmig, hellgrün	April–Mai gelbe, leuchtende Strahlenblüten an aufrechten Stielen	Aussaat im Mai/Juni, zu dritt in Einzeltöpfe pikieren, auch Teilung möglich	liebt feuchtes Substrat, nicht austrocknen lassen, Verblühtes regelmäßig ausschneiden, um die Blütezeit zu verlängern, ohne Schutz im Freien überwintern
	*Euphorbia polychroma* Gold-Wolfsmilch	Sonne	25–35 cm buschig, Blätter behaart, frischgrün, im Herbst orange gefärbtes Laub, **giftig!**	Mai–Juni grünlich-gelbe Hochblätter, doldiger Blütenstand	Aussaat im Mai/Juni, einzeln pikieren und mehrmals entspitzen	Substrat nicht austrocknen lassen, im Spätherbst zurückschneiden, mit Schutz im Freien überwintern, sondert Milchsaft aus, der hautreizend wirken kann
	*Geranium cinereum* Felsen-Storchschnabel	Sonne, Halbschatten	10–15 cm buschig, Blätter tief eingeschnitten, frischgrün	Juni–Oktober rosa mit dunklen Adern, zu zweit an einem Blütenstängel	grundständige Stecklinge im Mai schneiden	Substrat eher trocken als zu feucht, kompletter Rückschnitt im Herbst, mit Schutz im Freien überwintern
	*Hosta*-Hybriden Funkie	Halbschatten, Schatten	20–60 cm horstig, mehrjährige Blattschmuckpflanze	Juni–August zart lila, weiß, in dichten Blütentrauben	durch Teilung im Frühjahr oder Herbst	Substrat mäßig feucht halten, bis Ende August alle 4 Wochen düngen, welke Blätter ausschneiden, mit Schutz im Freien überwintern

Sonne · Halbschatten · Schatten

Jahrelange Blütenpracht

MEHRJÄHRIGE BALKONBLUMEN

	Name	Standort	Höhe Wuchsform	Blütezeit Blüte	Anzucht	Pflege
	*Lavandula angustifolia* Lavendel	☼	25–40 cm Halbstrauch, Blätter lanzettlich, grau, aromatisch duftend	Juli–August violette, blaue oder weiße, kleine Lippenblüten in Ähren	Stecklinge von nicht blühenden Trieben im Mai/Juni	im Sommer mäßig gießen, alle 4 Wochen düngen, im Winter im Freien vor Nässe und zu viel Sonneneinstrahlung schützen
	*Lilium*-Hybriden Lilie	☼ ◐	50–80 cm Zwiebelblume, aufrecht, lanzettliches, dunkelgrünes Laub	Juni–Juli weiß, gelb, orange, rosa, rot, unterschiedlich schattiert	eigene Anzucht nicht lohnend	Zwiebeln im Herbst einpflanzen, nach dem Austrieb bis zur Blüte regelmäßig düngen, in Ruhe einziehen lassen, Zwiebeln trocken und kühl im Haus überwintern
	*Nepeta x faassenii* Katzenminze	☼	25–50 cm buschig, graugrünes Laub, Blätter oval, gekerbt, aromatisch duftend	Mai–Sept. lavendelblau, violett, weiß, in übereinander stehenden Quirlen	Stecklinge von nicht blühenden Trieben im Mai/Juni	Substrat leicht feucht halten, alle 4 Wochen düngen, regelmäßig zurückschneiden, im Winter im Freien vor zu viel Nässe schützen
	*Papaver nudicaule* Islandmohn	☼	25–40 cm grundständige Blattrosette, Laub dicht behaart, blaugrün, oval, gebuchtet	Mai–Sept. gelb, weiß, rot, orange, einzelne Schalenblüten auf behaarten Stängeln	Aussaat im Juni, 3–5 Sämlinge zusammen pikieren, überwintern als Blattrosette	Substrat nicht austrocknen lassen, im Sommer alle 2 Wochen düngen, im Freien mit Schutz überwintern
	*Phlox subulata* Teppichphlox	☼	10–15 cm Polsterstaude, Blätter spitz-lanzettlich, frisch- bis dunkelgrün	April–Mai rosa, weiß, rot, violett, auch zweifarbig, sternförmig, duftend	Stecklinge nicht blühender Pflanzen im Mai/Juni	Substrat gleichmäßig feucht halten, nach der Blüte leichter Rückschnitt, um kompakten Wuchs zu fördern, vor Winternässe z. B. mit Vliesabdeckung schützen
	*Santolina chamaecyparissus* Heiligenkraut	☼	20–30 cm reich verzweigter Halbstrauch, Blätter silbriggrau, fein gefiedert, länglich	Juli–August gelb, kugelige, kleine Blütenköpfchen	Stecklinge von nicht blühenden Trieben im Mai/Juni	Substrat leicht feucht halten, vor Winternässe z. B. mit Vliesabdeckung schützen
	*Saponaria x lempergii* Seifenblume	☼	30–40 cm horstig, Blätter klein, lanzettlich bis schmal eiförmig, dunkelgrün	Mai–Juni weiß, rosa mit gelber Mitte, klein	Ausläufer abnehmen und neu pflanzen	Substrat nicht austrocknen lassen, bis zur Fruchtreife alle 2 Wochen düngen, im Freien leicht geschützt überwintern

Kulinarische Genüsse

OBST, GEMÜSE & KRÄUTER

	Name	Standort	Höhe Wuchsform	Erntezeit Erntegut	Anzucht	Pflege
	*Allium schoenoprasum* Schnittlauch	☼ ◑	20–30 cm mehrjährige Staude, dichte Horste aus röhrenförmigen Blättern	April–Nov. frische Stängel	Vermehrung durch Teilung oder Aussaat im März bei 18–20 °C Bodenwärme	anspruchslos, robust, Substrat gleichmäßig feucht halten, bis August alle 2 Wochen düngen, hell und kühl überwintern oder ins Haus nehmen und verwenden
	*Cucurbita pepo* Zucchini	☼	50–60 cm einjähriges Fruchtgemüse, breit ausladend, Blätter groß und rau behaart	Juli–Sept. möglichst kleine Früchte	Aussaat Anfang Mai bei 20 °C Bodenwärme	relativ anspruchslos und pflegeleicht, Substrat gut feucht halten, wöchentlich düngen
	*Fragaria*-Arten Erdbeere	☼ ◑	15–25 cm mehrjähriges Obst, horstig oder überhängend, Blätter dunkelgrün	Juni–August reife Früchte	Ausläufer abnehmen und neu pflanzen	anspruchslos, robust, Substrat mäßig feucht halten, bis zur Fruchtreife alle 2 Wochen düngen, kann mit Wurzelschutz im Freien überwintern
	*Helichrysum italicum* Currykraut	☼	40–60 cm mehrjähriges Gewürzkraut, immergrün, Blätter nadelförmig, silbrig-weiß	Juni–August junge Blätter und Zweige	durch Stecklinge im Juli oder August	Substrat mäßig feucht halten, alle 2 Wochen schwach düngen, Rückschnitt nach der Blüte, mit gutem Schutz im Freien überwintern
	*Lactuca sativa* Pflücksalat, Schnittsalat	☼ ◑	20–30 cm einjährig kultivierte Salatpflanze, Blätter hellgrün bis rotbraun	ab Mai Schneiden oder Pflücken der Blätter	Aussaat ab Februar bei 10–15 °C, Folgesaaten bis Juli direkt in den Kasten	Substrat gleichmäßig feucht halten, nach jeder Ernte schwach düngen
	*Lycopersicon esculentum* Tomate	☼	25–150 cm einjähriges Fruchtgemüse, je nach Sorte verschiedene Wuchsformen	Juli–Okt. rote oder gelbe Früchte	Aussaat ab März bei 20 °C, einzeln pikieren, ab Mitte Mai ins Freie pflanzen	Substrat gut feucht halten, wöchentlich düngen, hohe Sorten an Stab aufbinden, Triebe in den Blattachseln auskneifen
	*Melissa officinalis* Zitronenmelisse	☼	50–100 cm mehrjähriges Gewürz- und Teekraut, hellgrüne Blätter	Juni–Sept. Blätter und junge Triebe	durch Teilung im Frühjahr oder Aussaat ab März (18 °C Bodenwärme)	anspruchslos, robust, Substrat mäßig feucht halten, alle 4 Wochen düngen, im Freien eventuell mit Wurzelschutz überwintern

☼ Sonne ◑ Halbschatten ● Schatten

Kulinarische Genüsse

OBST, GEMÜSE & KRÄUTER

	Name	Standort	Höhe Wuchsform	Erntezeit Erntegut	Anzucht	Pflege
	*Ocimum basilicum* Basilikum	☀	20–50 cm einjähriges Gewürzkraut, buschig, Blätter grün oder rötlich	ab Mai Blätter und junge Triebe	Aussaat ab März, ab Mitte Mai direkt ins Freie, Lichtkeimer	sehr wärmeliebend, Substrat gleichmäßig feucht halten, alle 4 Wochen düngen, bei Kälte mit Vlies schützen
	*Origanum vulgare* Oregano	☀	30–60 cm mehrjähriges Gewürzkraut, buschig, Blätter eiförmig, rau	Juli–Sept. junge Triebspitzen und Blätter	Aussaat ab März bei 22 °C Bodenwärme, Lichtkeimer	robust, gut durchlässiges Substrat, wenig gießen, nicht düngen, mit etwas Schutz im Freien überwintern
	*Petroselinum crispum* Petersilie	☀ ◐	ca. 20 cm einjähriges Gewürzkraut, Blätter kraus oder glatt	Mai–Nov. frische Blättchen	Aussaat ab März–Juni direkt ins Gefäß, lange Keimdauer (5 Wochen)	robust, Substrat mäßig feucht halten, alle 2 Wochen schwach düngen, mit Schutz im Freien überwintern
	*Rosmarinus officinalis* Rosmarin	☀	50–80 cm immergrünes, mehrjähriges Gewürzkraut, nadelförmige Blätter	Mai–Sept. Blätter und junge Triebe	durch Aussaat im Frühjahr, jedoch langwierig, durch Stecklinge im August	warm und geschützt aufstellen, Substrat leicht feucht halten, nur ganz schwach düngen, Rückschnitt im Herbst, am besten im Haus überwintern, im Freien gut schützen
	*Salvia officinalis* Salbei	☀	30–60 cm mehrjähriger wintergrüner Gewürzstrauch, Blätter derb, bunt gefärbt	Juni–Sept. junge Blätter und Triebspitzen	Aussaat direkt ins Freie ab Mai, durch Stecklinge im August	anspruchslos, robust, nur wenig gießen, im Frühjahr stark zurückschneiden, dann schwach düngen, im Freien ohne Schutz überwintern
	*Satureja hortensis* Bohnenkraut	☀	30–40 cm einjähriges Gewürzkraut, aufrecht bis buschig, Blätter länglich	Juni–Sept. junge Blätter und Triebe	Aussaat ab April oder ab Mai direkt ins freie, Lichtkeimer	wärmeliebend, Substrat mäßig feucht halten, entspitzen, um buschigeren Wuchs zu erhalten
	*Thymus vulgaris* Thymian	☀	30–40 cm mehrjähriges, immergrünes Gewürzkraut, Blätter klein	Mai–Sept. Blätter und junge Triebe	Aussaat ab April direkt ins Freie (Lichtkeimer)	anspruchslos, nur leicht feucht halten, mit Schutz im Freien überwintern

Ganzjähriges Grün

IMMERGRÜNE UND BLÜHENDE TOPFGEHÖLZE

	Name	Standort	Höhe Wuchsform	Blütezeit Blüte	Anzucht	Pflege
	*Buxus sempervirens* Buchs	☼ ◐ ●	bis 1 m immergrüner Kleinstrauch eiförmiges, ledriges Laub	April–Mai gelb- oder weißgrün, klein, unscheinbar	durch Stecklinge im Frühsommer, leicht	mäßig feucht halten, bis August einmal monatlich düngen, gutes Formschnittgehölz, im Winter mit Vlies abdecken und vor Sonne schützen, gelegentlich gießen
	*Hydrangea macrophylla* Hortensie	◐ ●	0,5–1,5 m sommergrünes Topfgehölz, breit buschig, Blätter dunkelgrün	Mai–Sept. rosa, rot, blau, weiß, große, tellerförmige Blütenstände	durch Stecklinge im Mai/Juni	Substrat feucht halten, nur mit kalkarmem Wasser gießen, alle 2 Wochen mit Rhododendrondünger düngen, Verblühtes ausschneiden, frostfrei überwintern (nicht über 8 °C)
	*Pinus*-Arten Zwerg-Kiefer	☼	30–60 cm immergrünes Nadelgehölz, kompakt, rundlich, bläulich bereifte Nadeln	entfällt	eigene Anzucht nicht möglich, da die Gehölze meist veredelt sind	Substrat feucht halten, ein- bis zweimal jährlich mit Langzeitdünger versorgen, im Winter Wurzelbereich vor Frost schützen
	*Prunus laurocerasus* Kirschlorbeer	◐ ●	1–1,50 m immergrün, aufrecht oder flach ausgebreitet, Blätter dunkelgrün	Mai–Juni weiß, in aufrechten, langen Trauben, schwarze Früchte, **giftig!**	durch Stecklinge im September	Substrat stets leicht feucht halten, nicht austrocknen lassen, sehr schnittverträglich, formbar, alle 4 Wochen düngen (bis August), Winterschutz nötig
	*Rhododendron*-Hybriden Rhododendron, Azalee	◐ ●	0,5–1 m immergrüner Strauch, breitbuschig, Blätter dunkelgrün, fest, glänzend	April–Mai/Juni weiß, gelb, rot, orange, rosa, violett, in dichten, doldenartigen Trauben	eigene Anzucht bei Topfkultur nicht lohnend	in Rhododendronsubstrat pflanzen, nur mit kalkarmem Wasser gießen, alle 3–4 Wochen mit Rhododendrondünger versorgen, Winterschutz nötig
	*Rosa*-Arten und -Sorten Rose	☼ ◐	0,3–1,5 m je nach Sorte buschig, kriechend, kletternd, auch als Hochstamm	Juni–Oktober alle Farben außer Blau, einmal oder öfter blühend	eigene Anzucht nicht lohnend	Substrat nicht austrocknen lassen, wöchentlich düngen, Verwelktes ausschneiden, Wurzeln im Winter schützen, z. B. Topf mit Vlies umwickeln
	*Skimmia japonica* Skimmie	◐ ●	50–90 cm immergrün, breit, buschig, lorbeerähnliches Laub	April–Mai weißlich-rosa, in dichten Rispen, rote, kugelige Früchte	durch Stecklinge im Herbst	während der Sommersaison Substrat gut feucht halten, alle 4 Wochen düngen, Wurzelschutz im Winter, Blätter vor Wintersonne schützen

☼ Sonne ◐ Halbschatten ● Schatten

Freude am Wassergarten

PFLANZEN FÜR DEN MINI-TEICH

	Name	Standort	Höhe Wuchsform	Blütezeit Blüte	Anzucht	Pflege
	*Butomus umbellatus* Schwanenblume	☼	bis 150 cm mehrjährige Rhizompflanze, grasartiges Laub	Juni–August rosa, in lockeren Blütendolden	eigene Anzucht nicht lohnend	Wassertiefe 20–50 cm, für größere Kübel, in GIterkorb setzen, kann in feuchte Erde gesetzt mit Wurzelschutz im Freien überwintern
	*Caltha palustris* Sumpf-Dotterblume	☼ ◑	20–60 cm mehrjährige Staude, Blattrosette aus großen Blättern, **giftig!**	März–Mai goldgelb, große Schalenblüten	Anzucht aus Samen oder durch Teilung	anspruchslos, Wassertiefe 0–20 cm, lehmiges Substrat wählen, in Pflanzkorb setzen, kann in feuchte Erde gesetzt im Freien überwintern
	*Eichhornia crassipes* Wasserhyazinthe	☼	bis 40 cm Schwimmblattpflanze, nicht winterhart, Rosetten aus rundlichen Blättern	Juli–Sept. hellviolett, zu mehreren in Scheinähren	durch Ableger	benötigt zur Blüte 20 °C warmes Wasser, in Schalen mit lehmiger Erde und Wasser gefüllt bei ca. 15 °C im Haus überwintern
	*Hippuris vulgaris* Tannenwedel	☼ ◑ ●	10–30 cm winterhart, tannenähnliche, aufrechte Triebe, die aus dem Wasser ragen	Mai–August grünlich-braun, unscheinbar	durch Teilung	anspruchslos, Wassertiefe 20–50 cm, liebt kalkreiches Wasser, wuchert stark, kann in einem mit Wasser gefüllten Kübel hell bei 5–10 °C überwintert werden
	*Iris laevigata* Blaue Wasseriris	☼	50–60 cm winterhart, dichte Horste, schmales, langes, aufrechtes Laub	Juni–Juli blau, rosa, weiß, äußere Blütenblätter nach außen gebogen	durch Teilung der Rhizome, abtrennen und neu pflanzen	anspruchslos, Wassertiefe 0–20 cm, kann in feuchte Erde gesetzt mit Wurzelschutz im Freien überwintern
	*Nymphaea pygmaea* Zwerg-Seerose	☼ ◑	auf dem Wasser aufliegend, nicht winterhart, bis 10 cm breite dunkelgrüne Blätter	Juni–August weiß, rosa bis rot, 3–6 cm groß, schwach duftend	eigene Anzucht nicht lohnend	Wassertiefe 20–40 cm, lehmiges Substrat, mit Seerosendünger versorgen, zum Überwintern in mit Wasser gefüllten Kübeln bei 5–10 °C hell im Haus unterbringen
	*Pistia stratiotes* Wassersalat, Muschelblume	☼ ◑	bis 10 cm schwimmende Blattrosette, nicht winterhart, Blätter bereift	Juni–Sept. grün, klein, blüht bei uns jedoch selten	im Sommer Tochterpflanzen abtrennen	verträgt keine pralle Mittagssonne, Wassertemperatur 15–22 °C, in Schalen mit Wasser bei ca. 15 °C im Haus überwintern

So blühen Balkon und Terrasse auf

FARBKALENDER

Weiß blühende Balkonblumen

Name	Standort	Blütezeit	Gießmenge
Leberbalsam *Ageratum houstonianum*	Sonne, Halbschatten	Juni–September	
Löwenmäulchen *Antirrhinum majus*	Sonne, Halbschatten	Juni–Oktober	
Eisbegonie *Begonia semperflorens*	Halbschatten, Schatten	Mai–Oktober	
Knollenbegonie *Begonia*-Tuberhybrida-Hybriden	Halbschatten, Schatten	Mai–Oktober	
Zauberglöckchen *Calibrachoa*-Hybriden	Sonne	Mai–Oktober	
Waldrebe *Clematis*-Hybriden	Sonne	Mai–Septmeber	
Glockenrebe *Cobaea scandens*	Sonne	Juli–Oktober	
Schmuckkörbchen *Cosmos bipinnatus*	Sonne	Juni–Oktober	
Dahlie *Dahlia*-Hybriden	Sonne	Juli–Oktober	
Kletterhortensie *Hydrangea anomala*	Halbschatten, Schatten	Juni–Juli	
Hortensie *Hydrangea macrophylla*	Halbschatten, Schatten	Mai–September	
Fleißiges Lieschen *Impatiens*-Neu-Guinea-Hybriden	Halbschatten, Schatten	Mai–Oktober	
Prunkwinde *Ipomoea tricolor*	Sonne	Mai–Oktober	
Wasseriris *Iris laevigata*	Sonne, Halbschatten	Juni–Juli	
Duftwicke *Lathyrus odoratus*	Sonne	Juli–Oktober	
Lilie *Lilium*-Hybriden	Sonne, Halbschatten	Juni–Juli	
Männertreu *Lobelia erinus*	Halbschatten	Mai–Oktober	
Duftsteinrich *Lobularia maritima*	Sonne	Juni–Oktober	
Geißblatt *Lonicera x heckrottii*	Halbschatten, Schatten	Juni–September	
Levkoje *Matthiola incana*	Sonne, Halbschatten	Juni–September	
Mittagsblume *Mesembryanthemum criniflorum*	Sonne	Juni–September	
Elfenspiegel *Nemesia*-Hybriden	Sonne	Mai–September	
Katzenminze *Nepeta x sanderae*	Sonne	Mai–September	
Ziertabak *Nicotiana sylvestris*	Sonne, Halbschatten	Juli–September	
Becherblume *Nierembergia hippomanica*	Sonne, Halbschatten	Juni–Oktober	
Seerose *Nymphaea pygmaea*	Sonne	Juni–August	
Kapkörbchen *Osteospermum*-Hybriden	Sonne	Mai–Oktober	
Geranie *Pelargonium*-Arten	Sonne	Mai–Oktober	
Petunie *Petunia*-Hybriden	Sonne	Mai–Oktober	
Rose *Rosa*-Arten	Sonne	Juni–Oktober	
Schneeflockenblume *Sutera diffusus*	Sonne, Halbschatten	Mai–Oktober	
Eisenkraut *Verbena*-Hybriden	Sonne	Mai–Oktober	
Zinnie *Zinnia elegans*	Sonne	Juli–Oktober	

Gelb blühende Balkonblumen

Name	Standort	Blütezeit	Gießmenge
Frauenmantel *Alchemilla mollis*	Sonne, Halbschatten, Schatten	Juni–Juli	
Löwenmäulchen *Anthirrhinum majus*	Sonne	Juni–Oktober	
Goldtaler *Asteriscus maritimus*	Sonne	Mai–Oktober	
Knollenbegonie *Begonia*-Tuberhybrida-Hybriden	Sonne, Halbschatten, Schatten	Mai–Oktober	
Zweizahn *Bidens ferrulifolia*	Sonne	Mai–Oktober	
Pantoffelblume *Calceolaria integrifolia*	Sonne, Halbschatten	Mai–September	
Zauberglöckchen *Calibrachoa*-Hybriden	Sonne	Mai–Oktober	
Gelbe Zwergmargerite *Coleostephus multicaulis*	Sonne	Mai–September	
Dahlie *Dahlia*-Hybriden	Sonne	Juli–Oktober	
Wolfsmilch *Euphorbia polychroma*	Sonne	Mai–Juni	
Mittagsgold *Gazania*-Hybriden	Sonne	Juni–Oktober	
Sonnenblume *Helianthus annuus*	Sonne	Juli–Oktober	
Wandelröschen *Lantana camara*	Sonne	Juni–Oktober	
Levkoje *Matthiola incana*	Sonne	Juni–September	
Elfenspiegel *Nemesia*-Hybriden	Sonne	Mai–September	
Ziertabak *Nicotiana x sanderae*	Sonne	Juli–September	
Island-Mohn *Papaver nudicaule*	Sonne	Mai–September	
Portulakröschen *Portulaca grandiflora*	Sonne	Juli–August	
Sternwinde *Quamoclit lobata*	Sonne, Halbschatten	Juli–September	
Rose *Rosa*-Arten	Sonne, Halbschatten	Juni–Oktober	
Heiligenkraut *Santolina chamaecyparissus*	Sonne	Juli–August	
Husarenknöpfchen *Sanvitalia procumbens*	Sonne	Juni–Oktober	
Studentenblume *Tagetes*-Arten	Sonne	Juni–Oktober	
Schwarzäugige Susanne *Thunbergia alata*	Sonne	Mai–Oktober	
Kapuzinerkresse *Tropaeolum majus*	Sonne	Juni–Oktober	
Zinnie *Zinnia elegans*	Sonne	Juli–Oktober	

Rot blühende Balkonblumen

Name	Standort	Blütezeit	Gießmenge
Löwenmäulchen *Antirrhinum houstonianum*	Sonne	Juni–Oktober	
Eisbegonie *Begonia semperflorens*	Halbschatten, Schatten	Mai–Oktober	
Knollenbegonie *Begonia*-Tuberhybrida-Hybriden	Sonne, Halbschatten, Schatten	Mai–Oktober	
Zauberglöckchen *Calibrachoa*-Hybriden	Sonne	Mai–Oktober	
Waldrebe *Clematis*-Hybriden	Sonne, Halbschatten	Mai–September	
Dahlie *Dahlia*-Hybriden	Sonne	Juli–Oktober	
Schönranke *Eccremocarpus scaber*	Sonne	Juni–Oktober	

Sonne · Halbschatten · Schatten

FARBKALENDER

Gruppe	Name	Standort	Blütezeit	Gießmenge
Rot blühende Balkonblumen	Fuchsie *Fuchsia*-Hybriden	◑ ●	Mai–Oktober	mittel
Rot blühende Balkonblumen	Mittagsgold *Gazania*-Hybriden	☼	Juni–Oktober	mittel
Rot blühende Balkonblumen	Fleißiges Lieschen *Impatiens*-Hybriden	☼ ◑	Mai–Oktober	mittel
Rot blühende Balkonblumen	Prunkwinde *Ipomoea tricolor*	☼	Mai–Oktober	viel
Rot blühende Balkonblumen	Wandelröschen *Lantana camara*	☼	Juni–Oktober	mittel
Rot blühende Balkonblumen	Duftwicke *Lathyrus odoratus*	☼	Juli–Oktober	mittel
Rot blühende Balkonblumen	Elfenspiegel *Nemesia*-Hybriden	☼	Mai–September	mittel
Rot blühende Balkonblumen	Ziertabak *Nicotiana x sanderae*	☼	Juli–September	viel
Rot blühende Balkonblumen	Becherblume *Nierembergia hippomanica*	☼ ◑	Juni–Oktober	viel
Rot blühende Balkonblumen	Island-Mohn *Papaver nudicaule*	☼	Mai–September	mittel
Rot blühende Balkonblumen	Geranie *Pelargonium*-Arten	☼	Mai–Oktober	viel
Rot blühende Balkonblumen	Petunien *Petunia*-Hybriden	☼	Mai–Oktober	viel
Rot blühende Balkonblumen	Feuerbohne *Phaseolus coccineus*	☼	Juni–September	mittel
Rot blühende Balkonblumen	Portulakröschen *Portulaca grandiflora*	☼	Juni–August	wenig
Rot blühende Balkonblumen	Rose *Rosa*-Arten	☼ ◑	Juni–Oktober	mittel
Rot blühende Balkonblumen	Feuersalbei *Salvia splendens*	☼	Mai–September	mittel
Rot blühende Balkonblumen	Seifenblume *Saponaria x lempergii*	☼	Juli–September	wenig
Rot blühende Balkonblumen	Kapuzinerkresse *Tropaeolum majus*	☼	Juni–Oktober	viel
Rot blühende Balkonblumen	Eisenkraut *Verbena*-Hybriden	☼	Mai–Oktober	mittel
Rot blühende Balkonblumen	Zinnie *Zinnia elegans*	☼	Juli–Oktober	mittel
Rosa und violett blühende Balkonblumen	Adlumie *Adlumia fungosa*	◑	Juli–August	mittel
Rosa und violett blühende Balkonblumen	Leberbalsam *Ageratum houstonianum*	☼	Juni–September	mittel
Rosa und violett blühende Balkonblumen	Löwenmäulchen *Antirrhinum houstonianum*	☼	Juni–Oktober	viel
Rosa und violett blühende Balkonblumen	Eisbegonie *Begonia semperflorens*	◑ ●	Mai–Oktober	viel
Rosa und violett blühende Balkonblumen	Knollenbegonie *Begonia*-Tuberhybrida-Hybriden	☼ ◑ ●	Mai–Oktober	mittel
Rosa und violett blühende Balkonblumen	Schwanenblume *Butomus umbellatus*	☼	Juni–August	mittel
Rosa und violett blühende Balkonblumen	Zauberglöckchen *Calibrachoa*-Hybriden	☼	Mai–Oktober	mittel
Rosa und violett blühende Balkonblumen	Kaskadenblume *Centradenia*-Hybriden	☼ ◑	April–September	mittel
Rosa und violett blühende Balkonblumen	Waldrebe *Clematis*-Hybriden	☼ ◑	Mai–September	viel
Rosa und violett blühende Balkonblumen	Glockenrebe *Cobaea scandens*	☼ ◑	Juli–Oktober	mittel
Rosa und violett blühende Balkonblumen	Schmuckkörbchen *Cosmos bipinnatus*	☼	Juni–Oktober	viel
Rosa und violett blühende Balkonblumen	Dahlie *Dahlia*-Hybriden	☼	Juli–Oktober	viel
Rosa und violett blühende Balkonblumen	Elfensporn *Diascia*-Hybriden	☼ ◑	Mai–Oktober	mittel
Rosa und violett blühende Balkonblumen	Wasserhyazinthe *Eichhornia crassipes*	☼	Juli–September	viel
Rosa und violett blühende Balkonblumen	Erdbeere *Fragaria*-Arten	☼ ◑	Mai–Juni	mittel
Rosa und violett blühende Balkonblumen	Fuchsie *Fuchsia*-Hybriden	◑ ●	Mai–Oktober	mittel
Rosa und violett blühende Balkonblumen	Felsen-Storchschnabel *Geranium cinereum*	☼ ◑	Juni–Oktober	mittel
Rosa und violett blühende Balkonblumen	Vanilleblume *Heliotropium arborescens*	☼ ◑	Mai–September	mittel
Rosa und violett blühende Balkonblumen	Fleißiges Lieschen *Impatiens*-Hybriden	☼ ◑	Mai–Oktober	mittel
Rosa und violett blühende Balkonblumen	Prunkwinde *Ipomoea tricolor*	☼	Mai–Oktober	viel
Rosa und violett blühende Balkonblumen	Duftwicke *Lathyrus odoratus*	☼	Juli–Oktober	mittel
Rosa und violett blühende Balkonblumen	Lavendel *Lavandula angustifolia*	☼	Juli–August	wenig
Rosa und violett blühende Balkonblumen	Lilie *Lilium*-Hybriden	☼ ◑	Juni–Juli	mittel
Rosa und violett blühende Balkonblumen	Männertreu *Lobelia erinus*	☼ ◑	Mai–Oktober	mittel
Rosa und violett blühende Balkonblumen	Duftsteinrich *Lobularia maritima*	☼ ◑	Juni–Oktober	mittel
Rosa und violett blühende Balkonblumen	Levkoje *Matthiola incana*	☼	Juni–September	mittel
Rosa und violett blühende Balkonblumen	Elfenspiegel *Nemesia*-Hybriden	☼	Mai–September	mittel
Rosa und violett blühende Balkonblumen	Ziertabak *Nicotiana x sanderae*	☼	Juli–September	viel
Rosa und violett blühende Balkonblumen	Becherblume *Nierembergia hippomanica*	☼ ◑	Juni–Oktober	viel
Rosa und violett blühende Balkonblumen	Kapkörbchen *Osteospermum*-Hybriden	☼	Mai–Oktober	mittel
Rosa und violett blühende Balkonblumen	Geranie *Pelargonium*-Arten	☼	Mai–Oktober	viel
Rosa und violett blühende Balkonblumen	Petunie *Petunia*-Hybriden	☼	Mai–Oktober	viel
Rosa und violett blühende Balkonblumen	Portulakröschen *Portulaca grandiflora*	☼	Juni–August	mittel
Rosa und violett blühende Balkonblumen	Rosenkelch *Rhodochiton atrosanguineus*	☼	Juni–September	mittel
Rosa und violett blühende Balkonblumen	Rose *Rosa*-Arten	☼ ◑	Juni–Oktober	mittel
Rosa und violett blühende Balkonblumen	Fächerblume *Scaevola saligna*	☼	Mai–Oktober	mittel
Rosa und violett blühende Balkonblumen	Eisenkraut *Verbena*-Hybriden	☼	Mai–Oktober	viel
Blau blühende Balkonblumen	Glockenblume *Campanula poscharskynar*	☼	Juni–September	mittel
Blau blühende Balkonblumen	Waldrebe *Clematis*-Arten	☼ ◑	Mai–September	mittel
Blau blühende Balkonblumen	Blaue Mauritius *Convolvolus sabatius*	☼	Mai–Oktober	mittel
Blau blühende Balkonblumen	Kapaster *Felicia amelloides*	☼	Mai–Oktober	mittel
Blau blühende Balkonblumen	Prunkwinde *Ipomoea tricolor*	☼	Mai–Oktober	viel
Blau blühende Balkonblumen	Wasseriris *Iris laevigata*	☼	Juni–Juli	viel
Blau blühende Balkonblumen	Männertreu *Lobelia erinus*	☼ ◑	Mai–Oktober	mittel
Blau blühende Balkonblumen	Becherblume *Nierembergia hippomanica*	☼ ◑	Juni–Oktober	viel
Blau blühende Balkonblumen	Mehlsalbei *Salvia farinacea*	☼	Mai–Oktober	mittel

viel gießen · mittel gießen · wenig gießen

Januar

- Kontrollieren Sie Ihre Wintergäste im Haus regelmäßig auf Schädlinge, Krankheiten und welke Blätter. Ist das Substrat auch noch feucht genug? Wie geht es den Zwiebeln und Knollen im Winterquartier?
- Packen Sie spätestens zum Jahresanfang, bevor der Dauerfrost einsetzt, Balkonblumnen, die draußen überwintern, gut ein. Gießen Sie an warmen Tagen vor allem die Immergrünen, die über ihre Blätter Wasser verdunsten.
- Suchen Sie sich in Ruhe Ihre Lieblingsblumen für die nächste Saison aus.

Februar

- Sie können mit den ersten Aussaaten im Haus beginnen.
- Mit den länger werdenden Tagen brauchen die Wintergäste wieder öfter Wasser. Was austreibt, sollte heller und wärmer gestellt werden.
- Sitzt der Winterschutz im Freien noch fest?

März

- Jetzt können Sie den Winterschutz im Freien entfernen. Lassen Sie das Isoliermaterial aber in der Nähe, es könnten noch starke Nachtfröste kommen.
- Bringen Sie Ihre Wintergäste im Haus in Form. Schneiden Sie beschädigte oder eingetrocknete Triebe aus, kürzen Sie um ein Drittel ein und topfen Sie um.
- Holen Sie die Knollenbegonien aus dem Winterquartier und topfen Sie sie ein.
- Jetzt können Sie auch schon Salat und Gemüse aussäen und vorziehen.

Balkongärtnern rund ums Jahr

Juli

- Gießen und düngen Sie Ihre Pflanzen regelmäßig.
- Entfernen Sie Verblühtes und Welkes. Sorgen Sie bei Männertreu und Duftsteinrich durch kräftigen Rückschnitt für eine Nachblüte.
- Stützen Sie hoch wachsende Pflanzen gut ab.
- Schützen Sie empfindliche Pflanzen vor starker Sonne, Wind und Sommerregen.
- Kontrollieren Sie regelmäßig alle Pflanzen auf Schädlinge und Krankheiten.
- Weitere Stecklinge schneiden.

August

- Gießen Sie Ihre Pflanzen je nach Bedarf.
- Düngen Sie alle Pflanzen, die überwintert werden sollen, nicht mehr bzw. nur Kalium betont.
- Tauschen Sie vertrocknete oder abgeblühte Sommerblumen gegen neue aus. Pflanzen Sie die ersten Herbstblüher.
- Schneiden Sie Stecklinge, ziehen Sie sie an und entspitzen Sie sie regelmäßig.
- Letzter Rückschnitt bei Immergrünen wie Buchs, Efeu oder Kirschlorbeer.

September

- Gießen Sie Ihre Balkonblumen nun etwas weniger, düngen Sie nur noch halb so viel und putzen Sie die Pflanzen kräftig aus.
- Brechen Sie bei zu überwinternden Pflanzen die Knospenansätze aus.
- Räumen Sie erste unansehnlich gewordene Kästen aus und bestücken Sie sie mit Herbst- und Winterblühern.
- Nehmen Sie von Ihren Lieblingsblumen Samen ab.
- Setzen Sie jetzt Zwiebelblumen ein, die im Frühjahr blühen.

April

- Gewöhnen Sie überwinterte Pflanzen langsam und stundenweise an die Bedingungen im Freien. Die Frostgefahr ist erst Mitte Mai vorbei!
- Pikieren Sie Ihre Sämlinge und entspitzen Sie Ihre Jungpflanzen.
- Ziehen Sie einjährige Kletterpflanzen im Haus vor.
- Achten Sie auf die Substratfeuchte Ihrer Wintergäste und der im Freien überwinterten Pflanzen. Schauen Sie täglich nach. Gießen Sie stets wenig und nicht auf Vorrat.

Mai

- Mitte Mai ist Hauptsaison beim Pflanzenkauf.
- Pflanzen Sie nach den Eisheiligen vorgezogene Jungpflanzen in ihren endgültigen Platz. Schützen Sie die Pflanzen vor praller Maisonne.
- Jetzt können schon die ersten Stecklinge zur Vermehrung geschnitten werden.
- Schützen Sie empfindliche Pflanzen und Jungpflanzen vor eventuellen Nachtfrösten.
- Nun können Sie Ihre Mini-Teiche wieder aktivieren. Entfernen Sie die Schlammschicht am Boden und füllen Sie frisches Wasser auf.

Juni

- Jetzt können die letzten Zwiebeln und Knollen der Frühjahrsblüher aus den Töpfen genommen und kühl und trocken gelagert werden.
- Beginnen Sie nun mit dem regelmäßigen Düngen: Stark wüchsige Pflanzen ein- bis zweimal die Woche, normal wüchsige einmal pro Woche, schwach wüchsige alle 2 Wochen.
- Gießen Sie regelmäßig und achten Sie auf überschüssiges Wasser in Untersetzer oder Übertopf.
- Leiten Sie Kletterpflanzen auf und binden Sie sie fest.

Wann ist die richtige Zeit für die Aussaat? Wann kommen die Zwiebeln und Knollen der Frühjahrsblüher in den Topf? Wann müssen Immergrüne geschnitten werden? Der Jahres-Arbeitskalender zeigt es Ihnen.

Oktober

- Räumen Sie vor den ersten Nachtfrösten empfindliche Pflanzen ein. Putzen Sie sie vorher gründlich aus. Schneiden Sie lange Triebe zurück.
- Besorgen Sie sich das notwendige Winterschutzmaterial.
- Decken Sie spät blühende Pflanzen wie Chrysanthemen in kalten Nächten ab; rücken Sie die Gefäße nahe ans Haus.
- Lagern Sie Dahlienknollen ein.
- Bringen Sie tropische Wasserpflanzen im Haus unter.
- Arbeitsgeräte und Gefäße reinigen und einlagern.

November

- Schützen Sie im Freien überwinternde Pflanzen vor Nässe, Frost und Wintersonne.
- Kontrollieren Sie Ihre Wintergäste im Haus regelmäßig.
- Halten Sie Ihre Heidekräuter gut feucht und schneiden Sie Besenheide zurück.
- Dekorieren Sie den Winterschutz im Freien adventlich.

Dezember

- Schmücken Sie Balkon und Terrasse mit Reisig und Windlichtern.
- Prüfen Sie immer wieder einmal den Sitz Ihres Winterschutzes.
- Schauen Sie regelmäßig nach Ihren Wintergästen.
- Schützen Sie immergrüne Pflanzen mit einem Schattiernetz oder Vlies gegen Frost und Wintersonne.
- Schütteln Sie schwere Schneelasten von den Pflanzen ab. Leichter Schnee schützt vor starkem Frost.

Register

Halbfette Seitenzahlen verweisen auf Abbildungen.

Adressen

Samen und Pflanzenversand

Ahrens + Sieberz GmbH & Co. KG
Hauptstraße 440
53728 Siegburg
www.ahrens-sieberz.de

Bakker Holland
22922 Ahrensburg
www.bakker-holland.de

Baldur-Garten Versand
Elbinger Straße 12
64625 bensheim
www.baldur-garten.de

Die Blumenschule
Augsburger Straße 62
86956 Schongau
www.blumenschule.de

Gärtner Pötschke GmbH
Beuthener Straße 4
41564 Kaarst
www.gaertner-poetschke.de

Klare & Sackmann
Zur Lerchenheide 46
26939 Ovelgönne
Tel.: 04480/1650

Küpper Blumenzwiebeln und Saaten
Hessenring 22
37269 Eschwege
www.kuepper-bulbs.de

Samenshop24
Kiepenkerl-Fachversand
Kichdorferstr. 177
26605 Aurich
www.samenshop24.de/store

Sperli/Carl Sperling & Co.
Hamburger Straße 35
21339 Lüneburg
www.sperli-samen.de

Staudengärtnerei
Gräfin von Zeppelin
Weinstr. 2
79295 Sulzburg-Laufen
www.graefin-v-zeppelin.com

Syringa
Duft- und Würzkräuter
Bachstraße 7
78247 Hilzingen-Binningen
www.syringa-samen.de

Treppens
Berliner Straße 84–88
14169 Berlin
www.treppens.de

Thompson & Morgan
Postfach 1069
36243 Niederaula
www.thompson-morgan.de

Zubehör

GARDENA AG
Hans-Lorenser-Str. 40
89079 Ulm
www.gardena.de
(Gartengeräte, Bewässerungssysteme)

W. Neudorff GmbH KG
An der Mühle 3
31860 Emmerthal
www.neudorff.de
(Erden, Dünger, Pflanzenschutzmittel)

Peddy Shield Sonnenschutzsysteme GmbH
Klutstein 22a
D-51467 Bergisch Gladbach
www.peddy-shield.de

Literatur

Weiterführende Bücher

Greiner, Karin/Dr. Weber, Angelika: **Kräuter.**
Gräfe und Unzer Verlag, München

Maier, Hans-Peter: **Zitruspflanzen.**
Gräfe und Unzer Verlag, München

Mayer, Joachim: **Balkon- und Kübelpflanzen von A bis Z.**
Gräfe und Unzer Verlag, München

Mayer, Joachim: **Balkon & Kübelpflanzen.**
Gräfe und Unzer Verlag, München

Mayer, Joachim: **Balkon & Terrasse.**
Gräfe und Unzer Verlag, München

GU PFLANZENPRAXIS

Gärtnern wie ein Profi

ISBN (10) 3-7742-6764-2
ISBN (13) 978-3-7742-6764-0
128 Seiten | 12,90 € [D]

ISBN (10) 3-7742-7281-6
ISBN (13) 978-3-7742-7281-1
128 Seiten | 12,90 € [D]

ISBN (10) 3-7742-8839-9
ISBN (13) 978-3-7742-8839-3
128 Seiten | 12,90 € [D]

ISBN (10) 3-7742-6765-0
ISBN (13) 978-3-7742-6765-7
128 Seiten | 12,90 € [D]

ISBN (10) 3-7742-7280-8
ISBN (13) 978-3-7742-7280-4
128 Seiten | 12,90 € [D]

Das Plus an Praxis: Unsere Gartenexperten zeigen, worauf es bei der Gartenarbeit ankommt und vermitteln das richtige Know-how in detaillierten Bildfolgen.

WEITERE LIEFERBARE TITEL BEI GU:

- Das große GU PraxisHandbuch Garten
- Rosen
- Zimmerpflanzen

Willkommen im Leben.

BILDNACHWEIS

Die Fotos in diesem Buch stammen von Friedrich Strauß, mit Ausnahme von:

GBA/Bolton: 102 1-v-u.; GBA/Didillon: 38 re., 39 re., 106 4-v-o., 108 1-v-o.; GBA/Engelhardt: 101 3-v-o., 103 3-v-o., 103 4-v-o., 104 2-v-o., 104 3-v-o., 109 1-v-u., 112 3-v-u.; GBA/GPL: 64 o. re., 64 u. re., 109 3-v-o.; GBA/Nichols: 109 3-v-u.; GBA/Noun: 38 li., 39 li., 39 mi., 63, 75 1-v-o., 108 2-v-u., 112 4-v-o.; GBA/Perder: 109 2-v-o.; Henseler: 64 o. li., 64 o. mi., 64 u. li., 64 u. mi., 65 o. (1-3), 65 u. mi., 67 o. mi., 67 u. li.; Jahreiß: 70; Kuttig: 67 u. mi.; Nature & Sience/Kooiman: 103 1-v-o.; Nickig: 65 u. re., 82; Redeleit: 106 3-v-u.; Schneider/Will: 2/3, 108 4-v-o.

Fotos auf dem Umschlag und im Innenteil: Umschlagvorderseite: Petunien; S. 2/3: Aufrechte Pelargonien; S. 6: Frühjahrsbepflanzung (o. li.), Blütenpracht in Gelb-Violett (o. re.), Sommerbepflanzung mit Sonnenhut (u. li.), Pantoffelblume (u. re.); S. 28: Dünger ansetzen (o. li.), Fuchsien gießen (o. re.), Scheinzypresse mit Ballenschutz (u. li.), Verblühtes bei Gazanie abschneiden (u. re.); S. 96: Pflanzung mit Blauem Gänseblümchen und Eisenkraut (o. li.), Schale mit Sonnenhut, Purpurglöckchen und Sonnenblume (o. re.), Kräuterensemble (u. li.), Clematis (u. re.); Umschlagrückseite: verwelkte Blätter entfernen (li.), Utensilien zum Pflanzen (mi.), Geranien ausputzen (re.).

DIE AUTORIN

Iris Jachertz studierte Gartenbau. Seit einigen Jahren ist sie als Freie Fachjournalistin und Bildredakteurin für verschiedene (Garten-) Zeitschriften und Verlage tätig. Sie hat schon mehrere Bücher veröffentlicht.

DANK

Verlag und Autorin danken Sonnhild Bischoff für die Mitarbeit an den Texten.

WICHTIGE HINWEISE

- Einige der hier beschriebenen Pflanzen sind giftig oder hautreizend. Sie dürfen nicht verzehrt werden.
- Bewahren Sie Dünge- und Pflanzenschutzmittel für Kinder und Haustiere unerreichbar auf.
- Wenn Sie sich bei der Arbeit verletzen, sollten Sie umgehend einen Arzt aufsuchen. Eventuell ist eine Impfung gegen Tetanus erforderlich.

IMPRESSUM

Programmleitung: Steffen Haselbach
Leitende Redaktion: Anita Zellner
Redaktion und Konzeption: Angelika Holdau
Lektorat: Sonnhild Bischoff
Umschlaggestaltung und Layout: independent Medien-Design, München
Produktion: Susanne Mühldorfer
Satz: Ludger Vorfeld, München
Reproduktion: Penta Repro, München
Druck: Appl, Wemding
Bindung: Oldenbourg, Monheim
Printed in Germany

ISBN (10) 3-7742-8840-2
ISBN (13) 978-3-7742-8840-9

Auflage	4	3	2	1
Jahr	2009	2008	2007	2006

GRÄFE UND UNZER

Ein Unternehmen der
GANSKE VERLAGSGRUPPE

DAS ORIGINAL · MIT GARANTIE · GU

Das Original mit Garantie

Ihre Meinung ist uns wichtig: Deshalb möchten wir Ihre Kritik, gerne aber auch Ihr Lob erfahren, um als führender Ratgeberverlag für Sie noch besser zu werden. Darum: Schreiben Sie uns! Wir freuen uns auf Ihre Post und wünschen Ihnen viel Spaß mit Ihrem GU-Ratgeber.

Unsere Garantie: Sollte ein GU-Ratgeber einmal einen Fehler enthalten, schicken Sie uns bitte das Buch mit einem kleinen Hinweis und der Quittung innerhalb von sechs Monaten nach dem Kauf zurück. Wir tauschen Ihnen den GU-Ratgeber gegen einen anderen zum gleichen oder zu einem ähnlichen Thema um.

Ihr GRÄFE UND UNZER VERLAG
Redaktion Haus und Garten
Stichwort: Balkonblumen
Postfach 86 03 66, D-81630 München
Fax: 089/41981-113
E-Mail:
leserservice@graefe-und-unzer.de